HISTOIRE DE LA PSYCHOLOGIE GÉNÉRALE

Du behaviorisme au cognitivisme

13.5.02

HISTOIRE DE LA PSYCHOLOGIE GÉNÉRALE
Du behaviorisme au cognitivisme

Claudette Mariné et Christian Escribe

In press

IN PRESS EDITIONS
Serge et France Perrot, Éditeurs
12, rue du Texel - 75014 Paris
Tél. : 01 43 35 40 32
Fax : 01 43 21 05 00

Collection PSYCHO
Sous la direction de Aude Caria

Maquette : Marianne Adato

HISTOIRE DE LA PSYCHOLOGIE GÉNÉRALE
Du behaviorisme au cognitivisme
ISBN 2 912 404 07 X

REMERCIEMENTS

Les auteurs tiennent à remercier les membres du Laboratoire Travail et Cognition et tout particulièrement Claude Navarro pour sa lecture critique du manuscrit et sa contribution créative à la réalisation des illustrations de cet ouvrage.

Un grand merci aux étudiants de psychologie de l'Université Toulouse le Mirail qui, par leurs questions mais aussi leurs silences, nous ont fait prendre conscience des difficultés à enseigner l'histoire de la psychologie générale.

au Professeur Jacques Curie

SOMMAIRE

CHAPITRE II
LE BEHAVIORISME, PREMIER PARADIGME DE LA PSYCHOLOGIE GÉNÉRALE

CHAPITRE III
LE COGNITIVISME, SECOND PARADIGME DE LA PSYCHOLOGIE GÉNÉRALE

LES AUTEURS

Claudette Mariné
est Professeur de Psychologie et membre du Laboratoire Travail et Cognition de l'Université Toulouse II. Ses travaux portent sur le rôle des processus métacognitifs dans l'acquisition et l'activation de connaissances expertes chez l'adulte en situation de travail et de formation.

Christian Escribe
est Assistant de Psychologie et membre du Laboratoire Travail et Cognition de l'Université Toulouse II. Ses intérêts de recherche ont trait aux interactions entre processus motivationnels et cognitifs dans l'apprentissage autorégulé chez l'adulte.

INTRODUCTION

Cet ouvrage vise à faire découvrir la psychologie générale, ses modèles, ses méthodes, et ses applications, à travers une présentation de son histoire. Cette dernière est traitée à partir de la constitution de la psychologie comme discipline scientifique, c'est-à-dire à partir du moment où elle a acquis son autonomie et s'est donné pour ambition d'atteindre la subjectivité par la voie de méthodes objectives.

Cet ouvrage a été conçu à destination d'étudiants de premier cycle universitaire. S'agissant d'une introduction aux grandes conceptions de la psychologie générale, il n'a pas une prétention encyclopédique. L'objectif n'est pas de présenter les travaux de tous les psychologues ayant contribué au développement de la psychologie générale, ni d'examiner l'ensemble de l'œuvre de quelques-uns d'entre eux ; il est d'identifier et de confronter les principales conceptions des phénomènes psychologiques et des modalités de leur étude.

Pour faciliter l'initiation à ce domaine de la psychologie, nous avons veillé, pour chacun des chapitres, à illustrer concepts et modèles théoriques par des exemples de travaux empiriques, à fournir au lecteur des synthèses intermédiaires et à lui proposer des exercices permettant d'évaluer sa compréhension du contenu de l'ouvrage. Des conseils de lecture complémentaire sont fournis en fin de chapitres.

Avant de s'embarquer dans la machine à remonter le temps d'une histoire de la psychologie générale, le lecteur peut s'interroger sur quelques aspects du voyage qu'il va entreprendre.

Que va-t-il visiter ? Répondre à cette question nécessite de définir la psychologie générale. La première partie de cette introduction examine plusieurs définitions possibles de cette psychologie.

Comment est organisée la visite ? Répondre à cette question nécessite d'identifier plusieurs formules possibles de voyage et d'expliciter l'option que nous avons choisie pour structurer cette présentation de l'histoire de la psychologie générale. Ce sera l'objet de la seconde partie de cette introduction.

1. Qu'est-ce que la psychologie générale ?

Lorsqu'une personne découvre pour la première fois la psychologie, elle peut légitimement s'interroger sur l'origine de ce terme. Si, étymologiquement, psychologie signifie science ou étude de l'âme, il n'existe pas de consensus concernant le créateur de ce terme. La paternité en est attribuée le plus fréquemment au philosophe allemand Christian Wolff (1679-1754) auteur de deux traités intitulés *Psychologia empirica* (1732) et *Psychologia rationalis* (1734). Cependant, Fraisse (1963) l'attribue au philosophe allemand Gottfried W. Liebniz (1646-1716), alors que Mueller (1968) l'attribue au logicien allemand Rodolphe Goclenius au XVIe siècle.

Cette même personne peut également être étonnée, voire perplexe, devant la diversité des qualificatifs qui accompagnent le terme psychologie. Face à cette diversité, elle peut s'interroger sur la signification du terme "générale" pour qualifier la psychologie. Pour réduire son incertitude, nous proposerons trois acceptions de la psychologie générale. La première met l'accent sur une psychologie générale conçue comme le tronc commun à l'ensemble des domaines de la psychologie. La deuxième assimile la psychologie générale à la construction de lois générales du psychisme. La troisième conçoit la psychologie générale comme un domaine spécifique de la psychologie.

1.1. Psychologie générale, tronc commun de la psychologie

Nous venons d'évoquer le découpage de la psychologie en différents domaines ou sous-disciplines. Les critères de découpage de ces domaines peuvent être divers : par exemple, la classe de sujets étudiés (psychologie de l'enfant, psychologie sociale, psycho-gérontologie...), la nature des processus (psychologie cognitive, psycho-pathologie, psychologie de la motivation et des affects...), la méthode utilisée (expérimentale ou clinique). De ce point de vue et en suivant Reuchlin (1981), on pourrait définir la psychologie générale comme ayant pour but la réalisation de synthèses ou de modèles coordonnant des observations, des résultats produits dans les différents domaines de la psychologie. Ce faisant, ces synthèses deviendraient générales ou communes à l'ensemble des sous-disciplines.

Empruntons au même auteur un exemple relatif au langage, à son acquisition et à son fonctionnement. On peut trouver dans les différents domaines des observations articulables entre elles : l'âge d'apparition du langage, les effets sur le langage des lésions corticales, de la maturation ou du progrès de la myélinisation des aires corticales, le rôle du milieu linguistique de l'enfant à l'âge d'acquisition du langage... Ces observations peuvent être rendues cohérentes par construction d'un modèle explicatif qui, par exemple, proposerait que le fonctionnement du langage repose sur les structures corticales dont la mise en fonctionnement implique non seulement l'achèvement de la maturation nerveuse, mais aussi leur activation par le milieu, et ce, avant un âge donné.

Dans cette première définition, la psychologie générale apparaît comme une sorte de tronc (les modèles de synthèse coordonnant plusieurs découvertes psychologiques), tronc qui une fois établi devient commun à l'ensemble des domaines de la psychologie. Mais on peut noter que cette psychologie générale reste plus à faire qu'elle n'existe. La tendance à la spécialisation des chercheurs et l'explosion des travaux et publications ne favorisent pas actuellement la constitution de tels modèles de synthèse.

1.2. Psychologie générale et construction de lois

Dans le langage courant, général s'oppose à particulier. Dans ce cas, le terme général désigne des propriétés ou des principes partagés par la totalité ou la majorité d'un groupe. Sous cette acception, la psychologie générale viserait à rechercher ce qui, au plan psychologique, est commun aux êtres vivants, ce qui fait que, par-delà leurs différences et au-delà des apparences, les êtres se ressemblent. Autrement dit, la psychologie générale chercherait à "élaborer des connaissances psychologiques vraies de tout individu humain, quelle que soit son appartenance à une sous-catégorie" (Le Ny, 1982, p. 101), c'est-à-dire à établir les lois générales ou universelles du psychisme.

Cette définition de la psychologie générale peut se heurter à une représentation intuitive de la psychologie selon laquelle tout individu a une personnalité singulière ; la fonction de cette psychologie serait de comprendre cette individualité pour aider autrui, et non de construire des lois générales. Que chacun d'entre nous soit unique, c'est un fait, mais ce fait, valable au plan psychologique, l'est aussi au plan biologique ; il existe pourtant une médecine générale. Pour le dire autrement, le caractère unique de ce qui est étudié concerne toutes les disciplines, que celles-ci s'intéressent au vivant ou non. Par exemple, en dépit de l'expression selon laquelle deux personnes se ressemblent comme deux gouttes d'eau, il n'y a rien de plus différent que deux gouttes d'eau entre elles : leur taille, leur température, leur pureté peuvent largement varier, mais en dépit de ces différences, elles se ressemblent car toutes proviennent de la combinaison d'hydrogène et d'oxygène. De même, entre un homme et une grenouille, il y a bien des différences apparentes, mais les apparences sont trompeuses (surtout chez les princes charmants !). Si vous excitez chez chacun d'eux un muscle, dans les deux cas, vous observerez une réaction de fléchissement du membre, réaction générale à ces deux espèces.

Les faits ou objets ne sont pas plus uniques en psychologie qu'ailleurs et rien n'interdit donc de rechercher des lois universelles. Cette recherche de l'universel est commune à l'ensemble des domaines de la psychologie. Tous recherchent et établissent des lois ou théories générales. Quand Freud pratique des analyses, c'est bien auprès de sujets singuliers, mais il en a abstrait une théorie générale de la personnalité. Pour Freud, la psychanalyse n'a pas eu d'abord une finalité d'aide passant par la compréhension d'un cas, mais une finalité générale de recherche de lois (*cf.* le postulat de l'universalité du complexe d'Œdipe). De même, Piaget, en observant ses propres enfants, n'a pas eu pour but d'élaborer une explication de l'intelligence de chacun d'eux, mais d'établir une théorie et des lois du développement de l'intelligence en général. Ces exemples illustrent une démarche commune à l'ensemble de la psychologie qui consiste à passer de l'observation de sujets singuliers — qu'il s'agisse de l'examen de cas individuels ou de l'observation expérimentale de groupes de sujets — à la construction de lois ou de théories générales du psychologique.

Sous cette définition de la psychologie générale, une nouvelle question se pose. Si tous les domaines font de la psychologie générale comme on vient de l'expliciter, pourquoi consacrer un ouvrage spécifique à une histoire de la psychologie générale ? Y aurait-il donc encore une autre façon de concevoir la psychologie générale ?

1.3. Psychologie générale, domaine de la psychologie

Dans les parties précédentes, nous avons défini la psychologie générale comme modèle commun fournissant une cohérence à des observations faites dans différents domaines de la psychologie. Puis, nous avons défini la psychologie générale comme perspective, orientation d'étude commune à tous les domaines. Nous en venons maintenant à une troisième définition : la psychologie générale entendue comme domaine de la psychologie ayant par conséquent un objet et une méthode, un versant fondamental et appliqué.

Pour caractériser l'objet d'étude de la psychologie générale, nous reprendrons, en le simplifiant, le schéma de Lieury (1990, p. 16) qui représente et articule les différents domaines de la psychologie. La lecture de ce schéma (fig. 1) montre que la psychologie générale étudie plus particulièrement l'homme adulte (par rapport à l'enfant étudié en psychologie développementale), seul (par rapport au groupe étudié en psychologie sociale), normal (par rapport au sujet étudié en psycho-pathologie) et du point de vue de ses activités comportementales (par rapport à la biologie et à la physiologie).

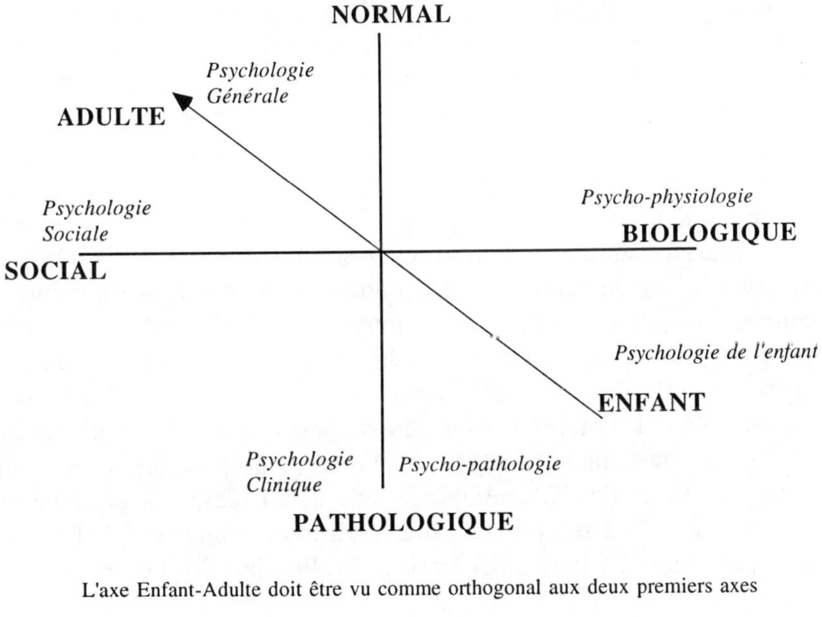

Figure 1. Positionnement schématique de différents domaines de la psychologie

Les activités comportementales peuvent être analysées dans diverses occupations de l'homme : lorsqu'il travaille, se forme, prend des loisirs... Dans toutes ces circonstances, l'homme cherche à réaliser des objectifs, en dépit de difficultés éventuelles que peut présenter le milieu, la situation où il se trouve. Autrement dit, les activités ou conduites de l'homme ont une finalité d'adaptation au milieu. Il convient donc de rechercher les moyens dont dispose un sujet pour réaliser son adaptation, c'est-à-dire qu'il s'agit de décomposer les conduites en sous-fonctions plus ou moins différenciées. On distinguera ainsi, à la suite de Piaget, Mounoud et Bronckart (1987), des fonctions de prise d'information, de stockage et d'apprentissage, d'organisation et de représentation des données, auxquelles nous rajouterons des fonctions motivationnelles et affectives. Ces diverses fonctions sont sollicitées conjointement dans les différentes activités de l'homme et, à ce titre, sont des fonctions générales.

C'est cette approche en termes de fonctions adaptatives que la psychologie générale a adoptée surtout à ses débuts. Elle se propose, au plan fondamental, de dégager les lois générales de chacune de ces fonctions cognitives et affectives, mais aussi les lois de leur intégration au sein des activités. Au plan appliqué, cette psychologie conduira notamment vers des métiers d'analyse, d'évaluation, de conception des environnements de travail et de formation, de diagnostic et d'orientation individuels. Pour prendre des exemples d'application dans le champ de compétence des auteurs de cet ouvrage, nous évoquerons brièvement l'ergonomie et la formation. L'ergonomie, qui a pour objectif général d'adapter le travail à l'homme, utilise les connaissances produites par la psychologie générale sur les caractéristiques de l'homme et de son fonctionnement : comment il perçoit les informations de son environnement, comment il les mémorise, comment il construit une expertise, comment il communique, etc. De même, la psychologie a élaboré au cours des dernières années un ensemble de faits montrant le rôle des activités d'auto-contrôle et d'autorégulation sur la mémorisation et la compréhension de matériels nouveaux. De tels résultats peuvent être utilement réinvestis dans les pratiques de la formation professionnelle et de l'éducabilité cognitive. En retour, la pratique et le terrain contribuent à tester le degré de validité des connaissances psychologiques produites et à faire émerger de nouvelles questions de recherches.

Nous venons de définir l'objet de la psychologie générale. Il reste à identifier sa méthode. De ce point de vue, la psychologie générale a souvent été assimilée à la psychologie expérimentale, au point de confondre les deux termes. En effet, et sans trop anticiper sur la suite de cet ouvrage, à l'origine la méthode expérimentale a été adoptée en psychologie pour étudier des fonctions psychologiques élémentaires et, à ce titre, correspondait à l'objet de la psychologie générale. Cette assimilation à la méthode apparaît cependant trop réductrice : d'une part, la psychologie générale n'utilise pas seulement la méthode expérimentale, mais elle recourt également à d'autres méthodes comme l'observation ou l'étude de cas ; d'autre part, l'emploi de la méthode expérimentale n'est pas propre à la psychologie générale, mais transversale à l'ensemble des domaines de la psychologie.

En résumé, la psychologie générale comme domaine :
(1) étudie un ensemble de fonctions communes à toutes les activités de l'homme,
(2) vise à établir des lois et théories sur ces différentes fonctions et leur intégration au sein des conduites,
(3) utilise préférentiellement, mais pas uniquement, la méthode expérimentale.

2. Organisation d'une histoire de la psychologie générale

Organiser la présentation de l'histoire d'une discipline pose deux questions : à quel moment faire débuter cette présentation ? sous quel mode structurer ce parcours historique ? Concernant la première question, nous avons fait le choix de démarrer la présentation de l'histoire de la psychologie générale au moment où elle rompt avec la philosophie pour entrer dans le champ des sciences empiriques. Ce choix, certes le plus fréquent dans les ouvrages sur ce thème (Fraisse, 1963 ; Reuchlin, 1972 ; Tiberghien, 1985), n'est toutefois pas partagé par tous les auteurs. Ainsi, Parot et Richelle (1992), dans leur ouvrage *Introduction à la psychologie. Histoire et méthodes* privilégient la présentation des origines philosophiques de la psychologie. Pour ceux qui souhaitent s'informer plus avant sur ce passé lointain de notre discipline et rechercher dans l'actuel l'influence, les traces de thèses et discours anciens, on recommandera la lecture de cet ouvrage, notamment la première partie. Concernant la seconde question, nous examinerons tout d'abord quelques formules de voyage historique, avant de définir la formule que nous avons retenue et l'organisation de l'ouvrage qui en résulte.

2.1. Différentes options d'organisation

Un examen des manuels consacrés à l'histoire de la psychologie générale fait apparaître quatre formules d'organisation. Un survol rapide de ces options permettra au lecteur de situer les apports de différents chapitres ou ouvrages consacrés à ce thème.

Une première formule est de type “biographie” de principaux auteurs.

En adoptant un point de vue chronologique, il s'agit de présenter, pays par pays, des auteurs considérés comme majeurs dans la discipline. Pour chacun, sont examinés sa vie, son œuvre scientifique (problèmes d'étude, méthodes et apports principaux), son rôle dans l'institutionnalisation de la psychologie et dans l'enseignement du domaine. Une formule de ce type organise le chapitre de Fraisse (1963).

Une deuxième formule est de type "école de pensée". On procède ici à un regroupement des psychologues selon leur adhésion, soit à telle ou telle approche des phénomènes psychologiques (globale vs analytique, fonctionnelle vs structurale), soit à tel ou tel type d'explication des activités humaines (empirisme, nativisme ou constructivisme). Une formule de ce type transparaît dans l'introduction de l'ouvrage de Lieury (1990), *Manuel de psychologie générale*.

Une troisième formule est de type "problèmes ou objets d'étude". Cette option consiste à choisir quelques problèmes ou objets d'études majeurs (par exemple reprendre les différentes fonctions comme la perception, la mémoire...) et, pour chacun d'eux, retracer l'évolution des concepts théoriques, des méthodes d'études et des résultats essentiels établis. Une formule de ce type est employée dans l'ouvrage de Reuchlin (1977) *Psychologie*.

Une quatrième formule est de type "histoire de la psychologie dans son contexte social". On traite alors de la discipline et de son histoire non pas de façon isolée, mais en cherchant les déterminants de l'évolution de ses idées dans les relations entretenues avec d'autres disciplines et dans les transformations des demandes adressées à la psychologie par le contexte socio-économique. Une formule de ce type traverse l'ouvrage de Paicheler (1992), *L'invention de la psychologie moderne*.

Prises individuellement, ces diverses formules ont toutes des avantages, mais comportent aussi des inconvénients. La première donnerait une vue assez livresque de l'histoire de la psychologie et elle partage avec la deuxième formule une même difficulté : fournir une impression un peu éclatée de la discipline ou rendre difficile l'explicitation des filiations, des oppositions, de la dynamique développementale de la psychologie. La troisième formule risquerait fort d'être redondante dans la mesure où des étapes analogues dans le développement des études devraient se retrouver d'un objet à l'autre. La dernière, en se centrant sur les déterminants externes de l'histoire de la psychologie, pourrait en cacher les déterminants internes, comme la remise en cause d'une théorie par divers résultats empiriques.

Pour ces différentes raisons, nous avons opté pour une autre formule qui s'inspire de la notion de cycle paradigmatique développée par Kuhn.

2.2. Option et organisation de cet ouvrage

Kuhn est un philosophe de l'histoire des sciences. Dans un ouvrage intitulé *La structure des révolutions scientifiques* (1962), il développe un concept — celui de paradigme — et une proposition pour décrire la dynamique d'une science au cours de son développement. Les paradigmes sont "les découvertes scientifiques universellement reconnues qui, pour un temps, fournissent à une communauté de chercheurs des problèmes types et des solutions" (p. 11). Pour reprendre plus largement cette notion, un paradigme est une conception dominante, pendant une période, dans un domaine de connaissances. Il lui fournit pour le moins une définition des faits à décrire et à expliquer, des principes explicatifs et une méthodologie d'étude.

En outre, selon Kuhn, l'évolution d'une science n'est pas comparable à celle des espèces : un paradigme nouveau ne correspond pas totalement à un aménagement, une adaptation d'un paradigme ancien. Au cours de son développement, une science procède par cycle paradigmatique : après une période où plusieurs écoles de pensée peuvent coexister, entrer en conflit — phase préparatoire ou pré-paradigmatique —, un auteur (ou plusieurs) développe une contribution importante et rassemble autour de ses points de vue la majorité de la communauté scientifique — phase paradigmatique —. Puis, sous l'effet de causes externes (modifications des demandes adressées à la discipline rendant le paradigme plus ou moins caduc) et surtout de causes internes (des faits expérimentaux contradictoires ou des anomalies s'accumulent et contredisent les points théoriques du paradigme), le paradigme dominant décline. Un nouveau remplace alors l'ancien à l'image des révolutions modifiant les régimes politiques. Il se forge sur les bases des travaux antérieurs et d'écoles ayant connu pour un temps une position minorisée dans la discipline.

A la suite de Le Ny (1989) et de Legrand (1990), nous nous sommes assez librement inspirés de Kuhn pour rendre compte de la psychologie en termes de paradigme dominant. La figure 2 présente l'organisation de l'histoire de la psychologie générale conduite sous cette option en distinguant deux paradigmes. Préalablement à l'émergence de ceux-ci, plusieurs psychologues ont contribué à la naissance de la psychologie comme discipline scientifique autonome. Un premier chapitre sera consacré à l'examen des apports de ces pionniers.

Le premier paradigme, qui a connu son heure de gloire dans la première moitié du XXe siècle, sera approfondi dans le chapitre II. Il définit la psychologie comme la science des comportements ou behaviorisme. Les phénomènes mentaux ou ce qui se passe “dans la tête des êtres vivants” ne sont pas considérés dans ce paradigme comme un objet d'étude scientifique et objective. En revanche, ce que peut chercher à décrire et à expliquer de façon vérifiable la psychologie, ce sont les réponses observables (R) des êtres vivants en réaction aux stimulations (S) du milieu. Influencée par les travaux de psychologie et de physiologie animale de Thorndike et de Pavlov, cette psychologie a été initiée par Watson et continuée, plus ou moins directement, par Skinner et Hull.

Le second paradigme, qui est devenu dominant aux alentours des années 60, fera l'objet du troisième chapitre. Il définit la psychologie comme la science des conduites ou cognitivisme. En conservant du premier paradigme le souci d'objectivité, ce nouveau paradigme invite à étudier les activités psychologiques (P) intermédiaires entre les stimulations (S) et les réponses comportementales (R). Issu de la contribution de divers psychologues cognitifs (psychologie de la forme, psychologie génétique piagétienne, psychologie cognitive de Bartlett, Bruner et Tolman) et d'influences extérieures à la psychologie (linguistique, cybernétique et intelligence artificielle), le paradigme cognitiviste s'est cristallisé autour du modèle Traitement de l'Information que la psychologie cognitive partage avec d'autres disciplines au sein du mouvement des sciences cognitives (voir l'ouvrage de Bernard Cadet dans cette collection).

Pour chacun de ces paradigmes, nous identifierons les influences, les chefs de file, leur conception de la psychologie et nous décrirons les travaux impulsés par ces conceptions dans le domaine de la psychologie générale. L'ouvrage se conclura par une synthèse des différentes perspectives historiques sous la forme d'une comparaison de leurs objets, de leurs méthodes et de leurs principes explicatifs.

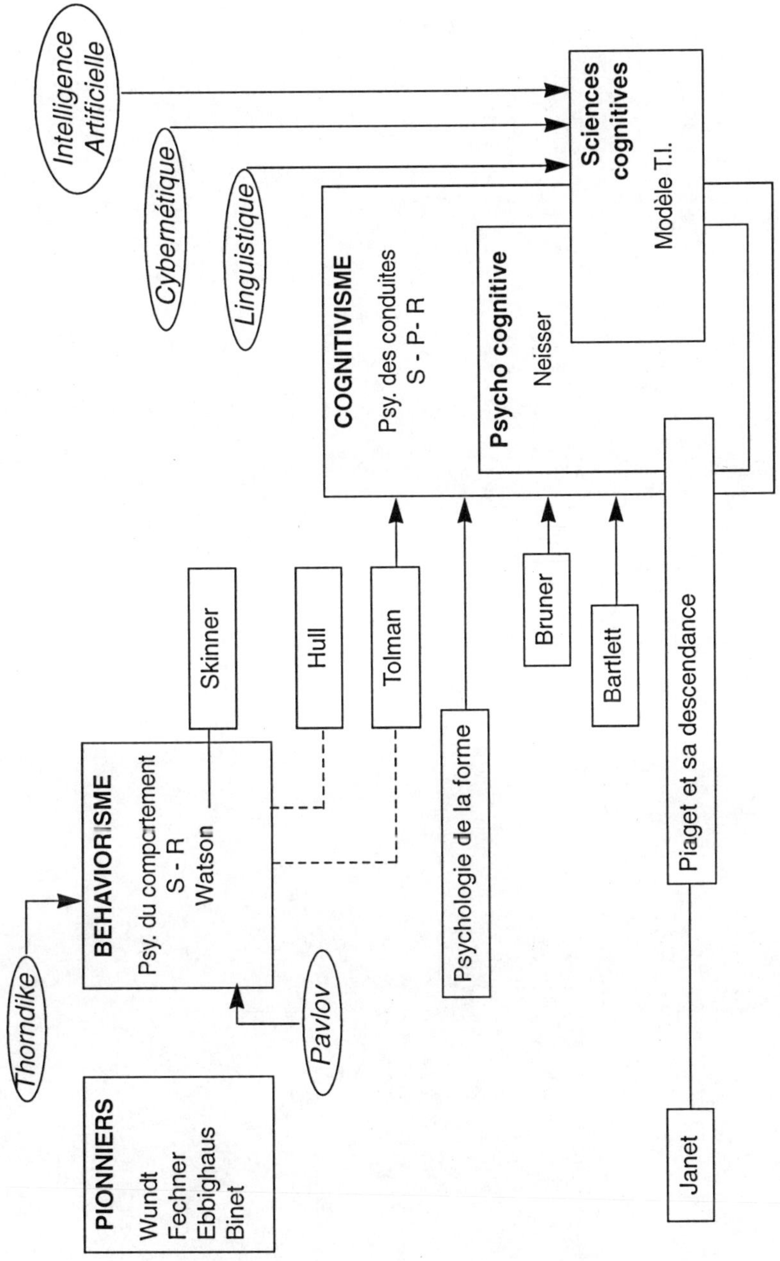

Figure 2. Principaux courants historiques de la psychologie générale

CHAPITRE I

Les pionniers de la psychologie générale

La fin du XIXe siècle a vu apparaître la constitution de la psychologie en tant que discipline autonome. Ce chapitre traite des apports des fondateurs de cette psychologie nouvelle, également qualifiée d'expérimentale ou scientifique, en raison de l'emprunt méthodologique qu'elle a fait aux sciences de la nature pour traiter les questions psychologiques.

Auparavant, les réflexions sur la psyché (l'âme) étaient menées dans le cadre de la philosophie, et plus particulièrement dans le cadre de la métaphysique. L'objet de la métaphysique était de s'interroger sur les causes premières gouvernant l'être et sa vie. Ces causes étaient conçues comme ne dépendant d'aucune autre cause, comme des principes immanents ou absolus. La méthode pour explorer cette réalité métaphysique, pour établir son essence ou sa nature, consistait à pratiquer l'analyse réflexive (le cogito). Cette méthode produisait des discours théoriques répondant à des critères de cohérence interne, mais qui restaient spéculatifs et indécidables : en l'absence de toute confrontation à des données empiriques, il était impossible d'établir la validité de ces constructions théoriques et donc d'évaluer leur pertinence relative.

Dès le XVIIIe siècle, cette démarche, qualifiée de "psychologie rationnelle" au sens où elle se fonde uniquement sur le raisonnement, sera remise en cause dans le cadre même de la philosophie influencée par le développement des sciences. Ainsi la philosophie empiriste va substituer, à l'étude de l'âme, l'étude des faits de conscience qui en constituent en quelque sorte le versant observable. En notre langage actuel, les faits de conscience sont le vécu personnel, l'expérience privée et subjective, soit l'ensemble des sensations, des perceptions, des sentiments, des émotions et des idées que chaque individu peut éprouver. Les philosophes empiristes s'efforceront de les identifier, de les classer et de les mettre en relation en utilisant une méthode subjective, l'introspection. Il s'agit d'une observation intérieure de soi-même (le moi) par soi-même (le je). A la “psychologie rationnelle” sera opposée une “psychologie empirique” fondée sur l'auto-observation intérieure. Plus tard, la philosophie positiviste va dénoncer le caractère stérile de la recherche de causes ultimes propre à la métaphysique, pour y substituer une approche scientifique fondée sur l'établissement de faits et la recherche de lois.

Ces deux courants philosophiques ayant fortement influencé les fondateurs de la psychologie nouvelle, nous développerons leurs thèses dans le premier paragraphe de ce chapitre. Puis, à travers l'œuvre de quelques pionniers, nous examinerons comment ils ont contribué à l'émergence d'une psychologie nouvelle par son objet et sa méthode. Ce chapitre se conclura sur une synthèse des apports et des limites de l'œuvre de ces pionniers.

1. Les influences extérieures

1.1. La philosophie empiriste associationniste

Cette école philosophique est essentiellement représentée par des écrits de philosophes anglais tels que John Locke (1632-1704)[1], David Hume (1711-1776)[2] et ultérieurement John Stuart Mill (1806-1873)[3]. Cette école a développé une philosophie de la connaissance dont on peut résumer les postulats qui l'ont fait qualifier d'empiriste et d'associationniste.

Pourquoi ces philosophes ont-ils été qualifiés d'empiristes ?

Pour eux, la seule source de la connaissance sur l'univers est l'expérience sensitive ou sensorielle, c'est-à-dire ce qui peut être vu, entendu, senti, goûté et touché. Les sens sont les portes de l'esprit à travers lesquelles doivent passer toutes les connaissances sur le monde. L'esprit de l'enfant à la naissance est une page blanche (*tabula rasa*) sur laquelle l'expérience va s'écrire. L'apprentissage se fait par l'observation, en faisant de nouvelles expériences. De ce fait, tous les esprits individuels sont créés libres et égaux et c'est la variété des expériences qui fera le développement, d'où l'importance accordée à l'éducation par les tenants de cette école.

Pourquoi ces philosophes ont-ils été qualifiés d'associationnistes ?

Puisque la base de toute connaissance est constituée par les sensations, il est toujours possible d'analyser les idées plus compliquées en les décomposant en idées simples ou éléments sensoriels. Par cette affirmation, l'empirisme ouvre la porte à l'utilisation d'une démarche analytique des contenus de pensée. Si on postule que le tout est décomposable en unités plus simples, une question complémentaire surgit : quel est le mécanisme par lequel des unités élémentaires se composent entre elles ? C'est dans la réponse à cette question que la théorie empiriste se double d'une théorie associationniste dans la mesure où le mécanisme de composition postulé est l'association des unités. Les philosophes de cette école vont donc rechercher des principes et des lois qui conduisent, parmi le flux des sensations simples, à l'association de certaines d'entre elles. Sans entrer dans les controverses auxquelles a donné lieu la formulation des lois d'association, on rappellera, à titre illustratif, les propositions de Hume qui distingue trois lois d'association des sensations et des idées :

— des associations par contiguïté spatio-temporelle, c'est-à-dire que la perception ou l'évocation mentale d'un objet entraîne l'évocation d'un (ou plusieurs) autre(s) parce qu'antérieurement ces objets se sont fréquemment présentés proches l'un de l'autre.

— des associations par ressemblance, en accord avec le proverbe "qui se ressemble s'assemble", sont à la base de la création de concepts, de classes abstraites d'objets.

— des associations par causalité, selon lesquelles un événement représentant une cause est mis en relation avec un événement qui en constitue l'effet.

En quoi les philosophes empiristes associationnistes ont-ils influencé les fondateurs de la psychologie nouvelle ? Même si ces philosophes pratiquent une psychologie introspectionniste des faits de conscience, leur conception de la connaissance porte en germe la légitimation d'une approche expérimentale des phénomènes psychologiques :

— d'une part, proposer que les idées complexes sont décomposables en idées ou sensations simples ouvre la voie à la mise en œuvre d'une démarche analytique en psychologie, sachant que cette démarche est la démarche dominante de l'approche scientifique.

— d'autre part, postuler une origine sensorielle de la connaissance chez les individus peut être généralisable au philosophe ou au chercheur. A l'instar de l'enfant qui connaît en observant le monde, le philosophe ou le chercheur peut abandonner une réflexion de l'esprit sur lui-même au profit d'une observation de phénomènes psychologiques extérieurs à lui.

— enfin, affirmer que la connaissance est fonction de ce que l'on observe et de ce que l'on expérimente souligne la nécessité, pour la psychologie, d'analyser l'environnement, de caractériser ce qui est observé et expérimenté.

Si ces principes expérimentaux peuvent être implicitement repérés dans la philosophie empiriste, celle-ci reste spéculative. Leur mise en œuvre en psychologie se fera au cours de la seconde moitié du XIXe siècle, sous l'influence des progrès de la physiologie. Celle-ci développe l'étude du système nerveux : découverte de l'organisation cellulaire (Remak, 1833), du tissu nerveux et cérébral (Cajal, 1889), des aires corticales (e.g. Broca, 1861), distinction des nerfs moteurs et sensitifs (Bell, 1811 ; Magendie, 1822), étude de l'influx nerveux et de sa vitesse de transmission (Helmholtz*, 1850). Ces découvertes concernant notamment la nature et les propriétés de l'influx nerveux favorisent le développement de la physiologie des sensations, notamment à travers les travaux de Müller et Weber. Ce faisant, la physiologie ouvre la voie à l'étude d'un phénomène psychologique, la sensation, par l'emploi d'une démarche expérimentale et d'outils d'observation objective, propres à la science.

En résumé, la conceptualisation empiriste associationniste met au premier plan le rôle des sensations dans la formation de l'esprit, la physiologie fournit des méthodes et des techniques pour les étudier. Les pionniers, en articulant ces deux apports, jetteront les bases de la psychologie expérimentale en se centrant, dans leurs premiers travaux, sur l'étude des sensations.

1.2. La philosophie positiviste

Le nom d'Auguste Comte (1798-1857) reste attaché à la formulation la plus achevée et la plus extrême de la philosophie positiviste, développée notamment dans son *Cours de philosophie positive* (1830-1842).

On rappellera brièvement que dans ses écrits Comte propose une conception évolutive de l'esprit humain individuel et de la société. Comme il l'écrit dans le *Discours sur l'esprit positif* (1844), "toutes nos spéculations quelconques sont inévitablement assujeties à passer par trois états théoriques différents que les dénominations habituelles de théologique, métaphysique et positif pourront qualifier". Les états théologique et métaphysique se caractérisent par la recherche de causes ultimes attribuées aux phénomènes : des causes surnaturelles d'origine divine dans l'état théologique ; des entités (comme l'âme) ou étiquettes abstraites à caractère tautologique (comme la vertu dormitive de l'opium) dans l'état métaphysique. Par opposition, l'état positif se borne à démontrer, par des observations rigoureuses, les lois ou relations régulières entre phénomènes, non à rechercher leurs causes. Un positiviste accepte uniquement comme réelles les choses qui peuvent être observées objectivement. Toute chose qui est pure conjecture, qui ne peut s'appuyer sur un argument ou une observation, doit être rejetée. Pour Comte, l'état positif caractérise la démarche scientifique, seule démarche rationnelle pour produire des connaissances valides et utiles à l'équilibre de la société.

Pour Comte, la psychologie est-elle positive ? La réponse peut être trouvée dans la classification qu'il propose des sciences fondamentales en six disciplines hiérarchisées : mathématiques, astronomie, physique, chimie, biologie, sociologie. L'argument majeur avancé par Comte pour exclure la psychologie du cercle des sciences porte sur la méthode utilisable pour étudier les phénomènes mentaux, à savoir l'introspection. Pour l'auteur, la pensée ne peut pas s'étudier elle-même et "cette prétendue contemplation directe de l'esprit par lui-même est une pure illusion", car "on ne peut pas être à la fenêtre et se regarder passer dans la rue" (*Cours de philosophie positive*). Cette prise de position conduit Comte à rejeter la philosophie empiriste associationniste. Toutefois, il admet qu'une part des phénomènes psychologiques peut faire l'objet d'une étude scientifique, soit en étudiant les conditions physiologiques de leur production, soit en étudiant leur expression sociale (telles les lois et les mœurs). Ainsi, dans le positivisme comtien, la psychologie est fondue dans la science biologique et dans la "physique sociale" ou sociologie.

En définitive, Comte enferme toute étude psychologique dans un dilemme : soit cette étude garde son objet (l'esprit) et sa méthode (l'introspection), et alors elle n'est pas positive, mais métaphysique ; soit cette étude adopte l'approche positive, et alors elle n'a pas d'existence propre.

Les fondateurs de la psychologie nouvelle vont tenter de sortir de ce dilemme en adoptant la méthode des sciences positives qui consiste, comme nous l'avons précédemment indiqué, à établir des lois sur la base de constats objectifs. Mais ils vont se distinguer du point de vue de Comte en affirmant d'emblée qu'une approche scientifique des phénomènes psychologiques est légitime et possible. Ainsi, ils vont contribuer à l'émergence de la psychologie en tant que discipline scientifique en récusant que l'étude de ces phénomènes soit réductible à la physiologie ou à la sociologie.

2. Objectifs et méthodes des pionniers de la psychologie

Dans ce paragraphe, nous allons examiner plus précisément comment, progressivement, la psychologie nouvelle a émergé. Nous réaliserons cet examen à travers l'œuvre de quelques pionniers considérés classiquement comme des fondateurs de cette psychologie. Par définition, ces pionniers ne pouvaient être des psychologues. Universitaires, ils venaient de diverses disciplines (physiologie, médecine, physique, philosophie) et leurs centres d'intérêt et leurs enseignements étaient moins mono-disciplinaires que ce que l'on connaît aujourd'hui. Leur apport ne se limite pas à l'introduction de la méthode expérimentale dans l'étude des phénomènes psychologiques. Ils ont également œuvré à la reconnaissance institutionnelle de la psychologie naissante par la création de chaires, de revues, de laboratoires, uniquement dédiés à cette discipline.

Au cours de cette période fondatrice, coexistent plusieurs classes de recherche. Nous examinerons les deux classes les plus caractéristiques de l'époque :

— la première que l'on qualifiera d'*approche expérimentale introspective* est illustrée par les travaux de Wundt. Comme on le verra, ses recherches sont très directement inspirées par la philosophie empiriste associationniste.

— la seconde que l'on qualifiera d'*approche métrique* va introduire, comme son nom l'indique, la mesure des phénomènes psychologiques. Cette approche sera illustrée par les travaux de trois chercheurs, permettant ainsi d'aborder la mesure de différents objets psychologiques : Fechner et la mesure des sensations, Ebbinghaus et la mesure de la mémoire, Binet et la mesure de l'intelligence.

2.1. L'approche expérimentale introspective : Wundt

- ***L'homme***

Né en Allemagne, Wilhelm Wundt (1832-1920) était fils de pasteur luthérien. Il a fait des études d'anatomie, de physiologie, de physique, de chimie et de médecine à l'université d'Heidelberg. Après l'obtention d'un doctorat de médecine (1856), il est assistant du Professeur H. L. von Helmholtz dans son laboratoire de physiologie à Heidelberg de 1858 à 1874. Au cours de cette période, son intérêt se déplace de la physiologie pure vers des questions psychologiques, qu'il traitera par référence à la philosophie empiriste et à la philosophie positiviste. Il développera ses conceptions et ses travaux à Leipzig où il est professeur de philosophie à partir de 1875.

• ***L'œuvre***

On retiendra un ouvrage essentiel où il exprime ses conceptions quant à la constitution d'une discipline psychologique, ses objets et ses méthodes : *Grundzüge der physiologischen Psychologie* (1873-1874)[5]. Il a par ailleurs développé un projet de constitution d'une psychologie sociale, exprimé dans un ouvrage intitulé *Völkerpsychologie*[6].

En dehors de ses ouvrages et travaux, Wundt est reconnu comme fondateur de la psychologie moderne par ses réalisations institutionnelles. En 1879, il crée le premier Institut de Psychologie, qui est un laboratoire de psychologie expérimentale. Dans ce laboratoire, se formeront de très nombreux chercheurs allemands et étrangers qui contribueront au développement de la psychologie dans différents pays. Pour diffuser ses travaux de psychologie expérimentale, il crée également une revue intitulée *Philosophische Studien* (1881) qui deviendra ultérieurement *Psychologische Studien* (1903).

• ***L'objet assigné à la psychologie : l'étude des faits de conscience***

Wundt va aborder l'étude de la conscience en adoptant les points de vue analytiques et associationnistes des philosophes anglais, et en important la pratique expérimentale acquise dans ses travaux de physiologiste.

Pour lui, la psychologie implique l'analyse de la conscience en éléments, la détermination de la manière dont ces éléments sont connectés et la détermination des lois de connexion. Tout comme les chimistes ont analysé la matière en éléments fondamentaux et les anatomistes ont analysé les systèmes vivants en cellules, les psychologues doivent analyser l'esprit en sensations et sentiments élémentaires. On retrouve dans l'énoncé de cet objectif l'influence de la philosophie empiriste anglaise. Wundt et, à sa suite, ses élèves pensaient que les sensations et les perceptions étaient le fondement de toutes les connaissances sur le monde et de toutes les activités mentales. De ce fait, la plupart des recherches se centraient sur l'identification des phénomènes subjectifs élémentaires (sensations et perceptions) qui sous-tendent ou accompagnent les expériences sensorielles globales. Cette démarche analytique peut être illustrée par un exemple simple. Le goût de la limonade est composé d'un goût sucré, d'un goût acide, d'un parfum de citron, d'une sensation de température et d'une sensation de picotement. Une expérience globale (ici le goût de la limonade) est décomposable en un conglomérat de plusieurs sensations élémentaires. Un exemple plus réaliste est fourni dans *"Pour en savoir plus 1.a"*.

Cette démarche analytique a été appliquée par Wundt à l'étude des sensations et perceptions, tout particulièrement dans le domaine visuel, mais aussi auditif, tactile et gustatif. Un de ces élèves, l'Anglais Edward B. Titchener (voir chapitre II) poussera cette démarche analytique à l'étude des processus supérieurs de pensée : “Quel que soit ce à quoi je pense, ma conscience comporte plusieurs idées... Mais chaque idée peut être réduite en éléments... et ces éléments sont des sensations” (Titchener, 1910 cité *in* Dellarosa, 1988, p. 3).

POUR EN SAVOIR PLUS 1.a

Expériences subjectives associées à l'écoute d'un métronome
Synthèse d'une étude de Wundt rapportée par Miller (1962)

Wundt rapporte qu'après avoir écouté plusieurs séquences de sons au métronome, certains patterns rythmiques lui ont paru plus agréables que d'autres. Il en conclut qu'un sentiment de plaisir-déplaisir accompagne toute audition et que toute suite de battements peut être située sur cette dimension. En outre, il détecte que, selon la cadence du métronome, il éprouve des sentiments de tension ou de relâchement qui constituent une deuxième dimension de son expérience subjective, ainsi que des impressions d'excitation ou de calme (troisième dimension). Suite à cette analyse, l'impression globale liée à l'écoute du métronome résulte de la combinaison de trois sentiments élémentaires conscients ayant chacun une valeur propre sur le continuum des dimensions.

Les exemples ci-dessus illustrent également l'approche expérimentale des travaux de Wundt. Sachant que l'expérience subjective est fonction de ce que les sens peuvent capter de l'environnement, il est important de décrire précisément les objets de l'environnement qui sont source de l'expérience subjective, et de pouvoir les faire varier. Ainsi, il est possible, non seulement d'identifier les sensations élémentaires liées à une expérience particulière, mais aussi d'étudier les variations de la nature et/ou de l'intensité de ces sensations. Par exemple, il est possible de comparer la nature des sensations éprouvées en buvant de la limonade ou du Coca-Cola, de comparer l'intensité des sensations selon que la limonade est tiède ou glacée (non seulement la sensation de température varie, mais aussi l'intensité des goûts sucré et acide). Ceci nous amène à la méthode utilisée par Wundt pour identifier systématiquement les sensations.

- ***La méthode***

L'accès à la conscience ne peut se faire que par l'auto-observation intérieure ou introspection. En ce sens, la méthode utilisée par Wundt ne se distingue pas de la méthode subjective d'étude des phénomènes psychologiques développée par les philosophes. Elle s'en différencie toutefois par le caractère systématique et contrôlé en laboratoire qu'elle doit revêtir.

Tout d'abord, proposer que l'introspection se fasse au laboratoire signifie que le psychologue ne se contente plus de ses introspections personnelles, mais qu'il se donne les moyens de recueillir des faits introspectifs chez autrui. Autrement dit, Wundt recommande de répéter les observations, de les comparer pour analyser les phénomènes de conscience.

En outre, pour répéter et comparer les rapports introspectifs, encore faut-il s'assurer que les conditions de recueil de ces rapports soient connues et standardisées. Au niveau des conditions externes, Wundt s'assurait que les stimulations issues de l'environnement étaient stables, c'est-à-dire présentées identiquement à tous les sujets. Complémentairement, comme nous l'avons indiqué ci-dessus, il contrôlait systématiquement les variations de stimulations introduites dans la situation expérimentale. Pour cela, il a conçu ou utilisé des appareils (comme le tachitoscope). Au niveau des conditions internes, Wundt visait à s'assurer que tous les sujets observés (souvent ses élèves en début de cycle de formation) avaient une capacité équivalente à produire des rapports introspectifs fiables et exhaustifs. Pour ce faire, il exigeait que ses observateurs réalisent au moins 10 000 essais pratiques d'introspection supervisés par lui ou ses assistants avant de pouvoir participer à la moindre étude.

Parallèlement, Wundt utilisait la technique des temps de réaction déjà employée par Helmholtz et Donders* pour mesurer des sensations simples, des actions de choix ou d'association, ou pour étudier l'influence de divers facteurs comme la fatigue, l'intensité de la stimulation sur la durée des réactions.

C'est pour ces raisons méthodologiques que la méthode de Wundt peut être qualifiée de méthode introspective expérimentale. Ce projet méthodologique sera poursuivi par un de ses élèves, Külpe* (1862-1915), sous le terme d'introspection expérimentale systématique dans le cadre de l'école de Würzbourg.

En résumé, Wundt n'assigne pas à la nouvelle psychologie un objet différent de celui des philosophes empiristes. L'objet reste la conscience. Le moyen pour étudier cet objet reste essentiellement le même : l'introspection. Ce qui change, ce sont les conditions dans lesquelles celle-ci est réalisée. Wundt est un fondateur parce qu'il a fait faire à la psychologie ses premiers pas expérimentaux, et parce que son œuvre, par les critiques qu'elle a engendrées, a permis l'émergence de nouvelles perspectives et méthodes d'étude. Parmi ces critiques, nous en retiendrons plus particulièrement deux. D'une part, l'approche analytique de la conscience a poussé les élèves de Wundt à se focaliser sur l'identification de sensations élémentaires (jusqu'à 44 000 sensations élémentaires appelées "atomes" de la pensée), à en établir un catalogue descriptif au détriment de l'élaboration de théories explicatives des phénomènes psychologiques. D'autre part, l'emploi de la méthode introspective pour étudier scientifiquement les phénomènes psychologiques va très vite montrer ses limites. En particulier, cette approche va se trouver confrontée aux écarts ou désaccords entre rapports introspectifs. Supposons que deux observateurs A et B placés face aux mêmes conditions fournissent deux rapports introspectifs différents. Que peut-on en dire ? A et B n'ont-ils pas prêté attention aux mêmes choses ? L'un des deux est-il plus habile pour s'introspecter ? A et B fonctionnent-ils différemment ? etc. Dit autrement, les expériences fondées sur l'introspection n'assurent pas l'accord entre tous ceux qui en rendent compte. L'observation introspective fournit des données qui restent privées, personnelles et la conduite d'expériences répétées ne permet en rien d'annuler ce problème.

2.2. L'introduction de la mesure en psychologie

Les auteurs que nous allons maintenant examiner sont contemporains de Wundt et comme lui expérimentalistes. Ils ont en commun de s'être attachés à la quantification des phénomènes psychologiques bien qu'ils l'aient fait sous des objectifs et sur des objets psychologiques différents. L'introduction de la mesure des phénomènes est un outil puissant parce qu'elle permet d'ordonner différentes manifestations d'un même phénomène (par exemple, la taille des individus), d'exprimer les lois d'évolution d'un phénomène (par exemple, l'évolution de la taille avec l'âge) et de covariation entre deux phénomènes (par exemple, évolutions de la taille et du poids). Le second point d'accord entre ces auteurs est un certain détachement par rapport à la méthode introspective. Comme on va le voir, ces chercheurs vont recourir tous à l'expression verbale des sujets, mais non plus comme l'expression d'une réflexion d'un sujet scrutant sa conscience, mais comme une réponse à des conditions de l'environnement soigneusement spécifiées. En ce sens, ils font la transition entre deux objets de la psychologie : la conscience, telle que l'étudie Wundt, et le comportement, qui sera étudié ultérieurement.

2.2.1. Fechner et la mesure des sensations

- ***L'homme***

Allemand, Gustav Theodor Fechner (1801-1887) a exercé la profession de médecin, puis de professeur de physique à Leipzig. Après une crise personnelle de dépression mélancolique, il va se préoccuper de métaphysique et défendre la thèse d'un univers conçu comme "un être vivant" comportant à la fois une face matérielle et une face spirituelle et dont les nombres peuvent exprimer l'unité.

- ***L'œuvre***

Du point de vue de la psychologie, on retiendra son ouvrage *Elemente der Psychophysik* (1860).

- ***L'objet***

Fechner définissait son projet comme la recherche "d'une théorie exacte des rapports entre l'âme et le corps et, d'une manière générale, entre le monde physique et le monde psychique" (cité *in* Fraisse, 1963, p. 13). Il raconte lui-même que, le matin du 22 octobre 1850, il était au lit en train de réfléchir à la manière dont il pourrait expérimenter sa thèse métaphysique. L'idée lui vint de mettre en rapport l'intensité d'une stimulation et l'intensité de la sensation provoquée par cette stimulation chez l'individu en établissant une loi mathématique entre ces deux classes de faits. Ce faisant, il fondait une spécialité toujours vivace en psychologie, la psychophysique, qui vise à "dégager la nature et les propriétés de la relation entre les variations de l'univers physique et celles de leurs concomitants psychologiques" (Tiberghien, 1984, p. 9).

Tentons de décrire simplement l'origine de la loi mathématique formulée par Fechner dans sa théorie psychophysique. Tout un chacun peut constater qu'une augmentation de l'intensité d'une sensation n'est pas directement proportionnelle à l'augmentation de l'intensité de la stimulation. Prenons un exemple qui, bien que partiellement inadéquat, fera toucher du doigt le problème : une augmentation sonore de 10 décibels dans une discothèque n'a pas le même effet subjectif que lorsque cette même augmentation sonore se produit le lendemain matin, lorsque le sujet "récupère"... après sa nuit en discothèque. L'absence de relation directement proportionnelle entre sensation et stimulation ne signifie pas que ces événements soient totalement indépendants. Il s'agit donc, pour Fechner, d'établir la nature de la relation qui les unit. Cette loi se fonde sur un postulat formulé par Fechner et sur la loi empirique de Bouguer-Weber. Fechner postule que, sur un continuum de sensations (par exemple l'ensemble des sensations sonores), la différence entre plusieurs sensations (s_1, s_2, s_3,...) est une constante (c'est-à-dire que $s_2 - s_1 = s_3 - s_2$). Etudiant la sensibilité différentielle, le physiologiste Weber (1795-1878) avait établi l'existence de seuils sensoriels, c'est-à-dire la plus faible différence d'intensité entre deux stimulations discriminables par le sujet. En reprenant l'exemple de Weber sur la sensation tactile, c'est la plus petite distance séparant deux pointes d'un compas appliquées sur la peau qui provoque chez le sujet une réponse du type "je sens deux pointes". Lors du soupèsement de poids, il établit une loi selon laquelle la plus petite différence perceptible entre le poids de deux objets mesurée en termes physiques est dans un rapport constant avec le poids, quel que soit celui-ci (B-A/A = C-B/B = une constante). Par exemple, supposons qu'un sujet discrimine juste un poids de 150 g et de 157 g (soit une différence de 7 g), si on lui présente un poids de 300 g, il ne suffira pas d'y ajouter 7 g pour qu'il y ait discrimination. Il faudra lui ajouter environ 14 g. Pourquoi ? Vous le saurez en calculant les rapports comme indiqués ci-dessus, et vous trouverez la même valeur, soit la constante de 0,047.

La combinaison du postulat de Fechner et de la loi de Bouguer-Weber conduit Fechner à formuler une relation de type logarithmique entre les variations de l'intensité physique de la stimulation et celles de l'intensité de la sensation (le lecteur intéressé par l'œuvre de Fechner pourra trouver un développement de cette loi et sa critique dans Tiberghien, 1984).

• ***La méthode***

Pour établir un rapport quantifiable entre l'intensité de la stimulation et l'intensité de la sensation, il faut disposer de deux mesures : une mesure de l'intensité de la stimulation, d'une part, une mesure de l'intensité de la sensation, d'autre part. La première est facile à obtenir par des instruments qui permettent de comparer deux intensités lumineuses ou deux poids, par exemple. La seconde ne peut pas être obtenue directement car il n'existe pas d'instrument permettant de mesurer une grandeur subjective. Elle va donc être obtenue indirectement par une quantification des effets des stimulations sur l'organisme. Pour que cette quantification permette d'élaborer une échelle de mesure des sensations, il est nécessaire de définir l'origine de l'échelle et son unité. Dans le domaine des sensations, l'origine de l'échelle correspond au *seuil absolu* (c'est-à-dire la plus petite grandeur de la stimulation juste suffisante pour que cette dernière soit détectée par le sujet). L'unité est constituée par le *seuil différentiel* (c'est-à-dire la valeur de la plus petite différence entre deux stimulations qui soit juste perceptible par le sujet). Fechner a approfondi ces notions de seuils, déjà présentes dans l'œuvre de Weber, et a développé ou amélioré différentes méthodes pour les mesurer. Nous ne décrirons pas ces différentes méthodes. Le lecteur pourra s'en faire une idée en consultant *"Pour en savoir plus 1.b"* et trouvera chez Fraisse (1968) une présentation détaillée de ces différentes méthodes.

POUR EN SAVOIR PLUS 1.b

Exemple de méthode de mesure des seuils absolus *in* Fraisse (1968) Méthode constante

La méthode consiste à présenter au sujet, dans un ordre aléatoire, des stimulations d'intensité variable. Plusieurs séries d'essais sont réalisées en modifiant l'ordre de présentation d'une série à l'autre. Après chaque présentation, le sujet indique s'il perçoit (noté P) ou non (noté 0) la stimulation. Une réponse "Ne sais pas" (notée ?) est également acceptée.
Soit une étude de mesure du seuil absolu de la sensibilité tactile dans laquelle on demande au sujet d'indiquer s'il perçoit la pointe d'une aiguille posée sur sa main ; le poids de l'aiguille variant de 2 cg à 8 cg constitue la mesure de l'intensité de la stimulation. On obtient pour un sujet le tableau suivant :

Stimulations	2 cg	3 cg	4 cg	5 cg	6 cg	7 cg	8 cg
1e série	0	?	0	P	P	P	P
2e série	0	0	P	P	P	P	P
3e série	0	0	0	P	?	?	P
4e série	0	0	?	0	P	P	P
5e série	0	?	0	0	P	P	P
6e série	0	0	?	?	P	P	P
7e série	0	0	P	0	P	P	P
8e série	0	0	0	P	0	P	P
9e série	0	0	0	P	?	P	P
10e série	0	0	0	0	P	P	P
Nombre de perceptions	0	1	3	5,5	8	9,5	10

Pour calculer le seuil, on fait la somme du nombre de perceptions (P) pour chaque niveau de stimulation en comptant 0,5 pour les réponses "?".

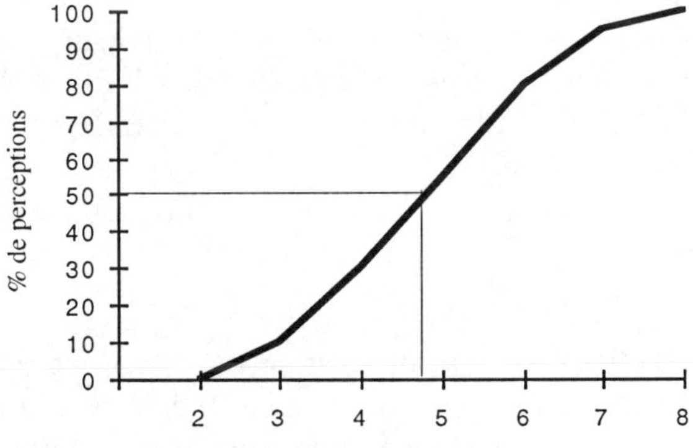

La valeur du seuil absolu correspond à la valeur de la stimulation qui a été perçue dans 50 % des cas. Dans l'étude ci-dessus, ce seuil est compris entre

4 cg et 5 cg. Pour déterminer plus exactement la valeur de ce seuil, on rapporte sur une courbe les valeurs obtenues et on projette, sur l'axe des abcisses, la valeur de la stimulation perçue dans 50 % des cas, soit ici 4,8 cg.

En résumé, même si son postulat est aujourd'hui largement contesté, Fechner est un pionnier de la psychologie nouvelle à plusieurs titres. Fondateur de la psychophysique, il met en relation les phénomènes psychologiques avec le milieu, introduit l'idée que ces relations peuvent faire l'objet d'une formalisation mathématique, est l'initiateur de méthodes quantitatives de mesure en psychologie.

2.2.2. Ebbinghaus et la mesure de la mémoire

• *L'homme*

Allemand, Hermann Ebbinghaus (1850-1909) était fils de commerçant. Il fait des études d'histoire et de philosophie et obtient un doctorat en 1873, puis une thèse de philosophie basée sur ses recherches sur la mémoire (1880). Il est professeur assistant de philosophie à l'Université de Berlin (1880-1894), puis professeur titulaire à Breslau, puis à Halle.

• *L'œuvre*

Parmi les nombreuses publications, on retiendra sa monographie synthétisant ses travaux sur la mémoire *Über das Gedächtnis : Untersuchugen zur experimentallen Psychologie*[7] (1885) et ses ouvrages *Grundzüge der Psychologie*[8] (1902) et *Abriss der psychologie*[9] (1908). Il a également cofondé une revue intitulée *Journal de Psychologie et de Physiologie des organes des sens* (1890).

Contrairement à Wundt, Ebbinghaus est un chercheur ne disposant pas de support institutionnel. Il a réalisé ses recherches sur la mémoire seul, en se servant de lui-même comme sujet. Une première série d'expériences a été menée durant les années 1879-1880, suivie d'une autre série durant les années 1883-1884. Ne disposant pas de laboratoire, il formait ses étudiants aux procédures expérimentales à son domicile.

• *L'objet*

Comme l'indique le titre de son ouvrage de 1885 dont on trouvera une présentation et une discussion détaillée dans Nicolas (1992), Ebbinghaus avait pour objectif de développer une approche expérimentale de la mémoire. Pour caractériser l'orientation de ses travaux, on peut retenir deux choses :

— d'une part, il avait lu l'ouvrage de Fechner, acheté chez un bouquiniste parisien en 1876, et avait pour ambition d'appliquer la mesure à une fonction psychologique supérieure. De ce fait, il s'est centré sur la mise en évidence de relations quantitatives entre des variables ou conditions (nombre d'éléments à mémoriser, durée de l'étude, répétition...) et la rétention.

— d'autre part, il pensait que la mémoire ne se limite pas à la conscience que nous avons d'expériences antérieures. Influencé par les écrits du philosophe Herbart (1776-1841), il considérait que certaines expériences antérieures inconscientes peuvent exercer une influence sur notre comportement. Il prenait également appui sur des constats empiriques comme le fait que des souvenirs apparemment oubliés puissent resurgir involontairement plusieurs années après (pensez à la madeleine de Proust). Ce point de vue sur la mémoire est capital au plan de la définition de l'objet et de la méthodologie. Au plan de la définition de l'objet, et contrairement à Wundt, apparaît l'idée que la psychologie ne se limite pas à l'étude des faits de conscience, mais prend également en compte les manifestations comportementales des processus mentaux (par exemple, les performances de rappel). Au plan de la méthode, cette position conduit Ebbinghaus à concevoir des méthodes qui ne fassent pas seulement appel à un effort délibéré du sujet pour rappeler (tâches de rappel et de reconnaissance). Il a notamment élaboré *la méthode d'acquisition* et *la méthode d'économie de réapprentissage* qui permettent de mesurer l'ensemble des souvenirs, conscients ou non, à travers leurs traces comportementales.

• ***La méthode***

Pour illustrer les méthodes utilisées par Ebbinghaus, nous présenterons le principe général, puis deux exemples d'application.

Quelle que soit la méthode, le matériel à mémoriser était constitué de listes de syllabes sans signification, comme *dach, beis*... Pour les besoins de ses expériences, Ebbinghaus en a construit 2 300. Il utilisait ce type de matériel pour rendre l'expérimentation aussi pure que possible, c'est-à-dire pour atteindre les lois fondamentales de la mémoire. Il ne négligeait pas, cependant, le rôle du sens puisqu'il a lui-même appris de la poésie et comparé les deux types de matériel pour montrer l'importance des significations. Dans la phase d'acquisition, l'apprentissage du matériel consistait à lire les syllabes à un rythme constant, plusieurs fois de suite, en intercalant entre chaque lecture de la liste, une tâche de récitation des syllabes mémorisées. Le critère de rétention était constitué par une (parfois deux) récitation(s) complète(s) de la liste sans erreur. Dans la méthode d'acquisition, la mesure de la mémoire était fondée sur le nombre de répétitions ou le temps nécessaires à une rétention parfaite (*Pour en savoir plus 1.c*).

POUR EN SAVOIR PLUS 1.c

Exemple d'utilisation de la méthode d'acquisition (Ebbinghaus, 1885)

Toutes autres choses égales par ailleurs, Ebbinghaus manipulait une condition (ici la longueur de la liste de syllabes à mémoriser). Il pouvait donc ensuite mettre en rapport deux variables quantitatives : la longueur des listes et le nombre de répétitions nécessaires pour réaliser un premier rappel sans erreur.

Nombre de répétitions en fonction de la longueur de la liste

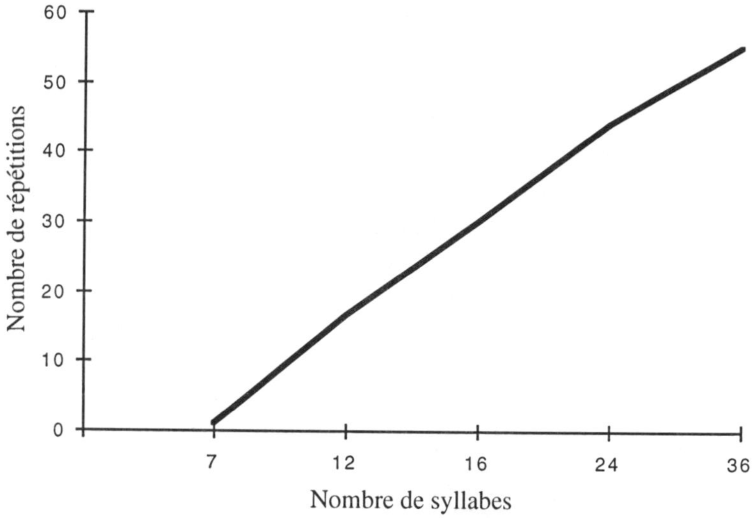

On note, sur cette courbe, que le nombre de répétitions nécessaires à un rappel sans erreur de la liste augmente très rapidement avec le nombre de syllabes. En outre, le nombre de syllabes qu'Ebbinghaus parvient à rappeler après une seule lecture de la liste est de 7. Nous verrons dans le chapitre III que ce chiffre a son importance.

Dans la méthode de réapprentissage, la mesure de la mémoire se basait sur le gain ou économie (en nombre de répétitions ou en durée) réalisé lors d'une phase de réapprentissage du même matériel que celui utilisé en phase d'acquisition (*Pour en savoir plus 1.d*).

POUR EN SAVOIR PLUS 1.d

Exemple d'utilisation de la méthode de réapprentissage (Ebbinghaus, 1885)

Ebbinghaus constate que lorsqu'il est conduit à répéter des listes de syllabes, le temps nécessaire diffère d'un essai à l'autre, c'est-à-dire qu'au fur et à mesure des répétitions, la liste reste plus ou moins profondément gravée en mémoire. Il se propose de mesurer ce gain par la quantité de temps économisé en fonction du nombre de relectures, après un délai de 24 heures, comparativement au temps nécessaire pour mémoriser une liste similaire totalement nouvelle.

Nombre de répétitions	Temps (en sec) nécessaire pour mémoriser après 24 h.	Gain de temps	Rapport
(X)	(Y)	(T = Y0 - Y)	(D = T /X)
0	1270		
8	1167	103	12,9
16	1078	192	12
24	975	295	12,3
32	863	407	12,7
42	697	573	13,6
53	585	685	12,9
64	454	816	12,8

Ebbinghaus constate que le gain de temps (T) ou économie de réapprentissage augmente avec le nombre de répétitions, mais que si on divise le temps économisé par le nombre correspondant de répétitions, on obtient un quotient pratiquement constant, c'est-à-dire que le gain est proportionnel au nombre de répétitions. En outre, si l'économie de réapprentissage croît avec le nombre de répétitions, elle doit diminuer avec l'accroissement du délai entre la phase d'acquisition et la phase de réapprentissage. Pour étudier cette relation et établir une courbe d'oubli, Ebbinghaus, en utilisant la technique de mesure décrite ci-dessus, fait varier l'intervalle entre 20 mn et 31 jours. Pour chaque délai, il apprend une liste différente mais équivalente : ainsi, pour 20 mn, il apprend une liste de syllabes, puis la réapprend 20 mn plus tard ; pour un délai d'une heure, il apprend une autre liste qu'il réapprend une heure plus tard. L'économie correspond au pourcentage de gain de temps par rapport au premier apprentissage de la liste : supposons que le temps mis pour apprendre la liste soit de 50 sec la première fois, et de 34 sec après 2 jours. L'économie réalisée est de 50 - 34 = 16 sec. Le pourcentage se calcule comme suit : (16 / 50) x 100, soit 32 % d'économie.

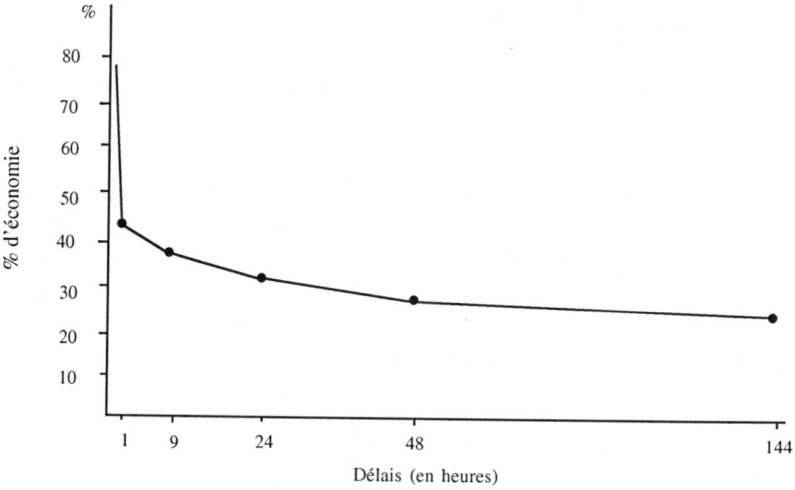

La courbe ci-dessus présente le pourcentage de temps économisé pour des délais de une heure à 6 jours (Ebbinghaus, 1902, p. 722). On constate que l'oubli est très important au cours des premières heures, puis qu'il se stabilise, ce qui indique qu'une part du matériel appris persiste en mémoire.

En résumé, Ebbinghaus est l'initiateur d'une étude expérimentale et quantitative des fonctions psychologiques supérieures. Le symposium tenu en 1985 à l'Université Humboldt de Berlin pour le centenaire de la parution de son ouvrage sur la mémoire signe la reconnaissance du caractère majeur de son œuvre dans le développement de la psychologie. Il a conçu plusieurs méthodes d'étude de la mémoire qui sont toujours utilisées, même si le matériel n'est plus constitué de syllabes sans signification. Attaché à l'établissement de faits, il a mis en évidence un grand nombre de phénomènes mnésiques qui seront confirmés par des recherches ultérieures, comme l'effet de position sérielle, l'empan en mémoire à court terme, les variations circadiennes des capacités mnésiques...

2.2.3. Binet et la mesure de l'intelligence

- ***L'homme***

Français, Alfred Binet (1857-1911) a suivi d'abord une formation en droit, puis en médecine et sciences naturelles. En tant qu'élève de Charcot*, il commence à travailler sur la psycho-pathologie et sur l'hypnose à La

Salpêtrière. En 1892, il intègre le Laboratoire de Psychologie Physiologique de la Sorbonne dirigé par le physiologiste H. E. Beaunis, laboratoire dont il devient directeur deux ans plus tard. Cette année 1894 est particulièrement productive puisque, outre la direction du laboratoire, Binet soutient sa thèse en sciences naturelles sur l'étude du système nerveux des insectes, publie deux ouvrages de psychologie et fonde, avec Beaunis, la première revue française dédiée à la psychologie, *L'Année Psychologique*, dont il assurera la direction jusqu'à sa mort. Dans son laboratoire, Binet a réalisé ses recherches avec de nombreux collaborateurs, mais il n'a pas eu de fonction d'enseignement.

- ***L'œuvre***

Les publications scientifiques de Binet sont extrêmement nombreuses en ouvrages et articles. Un récapitulatif de ses publications scientifiques peut être trouvé dans un ouvrage dirigé par Avanzini (1974) regroupant des textes de Binet. Parmi ces ouvrages, nous retiendrons :

Introduction à la psychologie expérimentale (1894), ouvrage dans lequel il passe en revue les méthodes standard de mesures des sensations, temps de réaction et mémoire et les nouvelles méthodes de questionnaires.

Psychologie des grands calculateurs et joueurs d'échec (1894) dans lequel il examine notamment les procédés de mémorisation utilisés par des experts.

L'étude expérimentale de l'intelligence (1903) dans lequel il fait part des observations réalisées essentiellement auprès de ses deux filles, Armande et Marguerite, sur une période de trois ans.

Les enfants anormaux (1907) réalisé en collaboration avec Théodore Simon, dont le sous-titre *Guide pour l'admission des enfants anormaux dans les classes de perfectionnement* illustre le souci d'application des recherches conduites par Binet.

Les idées modernes sur les enfants (1911) dans lequel il dresse un bilan des recherches expérimentales en matière d'éducation des enfants.

- ***L'objet***

L'objectif général de Binet était d'étudier expérimentalement les fonctions psychologiques de haut niveau, telles que la mémoire, l'imagerie, la compréhension de mots ou de phrases, l'attention, le jugement. Le nom de Binet reste attaché à l'élaboration d'une méthode de mesure de l'intelligence, connue sous le nom d'*Echelle Métrique de l'Intelligence,* ou échelle Binet-Simon. Cette échelle dont on présentera la méthode de construction ci-dessous, repose sur une conception fonctionnelle de l'intelligence (Binet et Simon, 1909). L'intelligence se caractérise par une fonction globale d'adaptation à laquelle concourrent un ensemble de composantes psychologiques, telles la mémoire, l'attention, le raisonnement. Pour lui, tout acte intelligent suppose un but (qu'il appelle la direction), une organisation de l'action (qu'il appelle adaptation), et un contrôle (qu'il appelle censure). Consécutivement, concevoir l'intelligence comme une activité permet d'envisager son étude sous l'angle de ses produits et de leur puissance adaptative. Chez Binet, l'élaboration de l'Echelle Métrique s'inscrit également dans ses préoccupations d'application de la psychologie au diagnostic individuel et à l'amélioration de la pédagogie. Cette préoccupation se manifeste notamment dans un ouvrage de 1911 dans lequel les principes pédagogiques qu'il énonce sont précurseurs du mouvement de l'éducabilité cognitive : l'intelligence est éducable (p. 126) ; il faut apprendre à apprendre au moyen d'exercices "d'orthopédie mentale" (p. 133) ; susciter l'activité de l'élève (p. 139) ; l'enseignant doit être médiateur des apprentissages (p. 133).

• ***La méthode***

Le projet d'élaboration de l'Echelle Métrique de l'Intelligence s'est concrétisé suite à la mise en place, en octobre 1904, par le ministère de l'Instruction publique, d'une commission chargée du dépistage et de la prise en charge éducative des enfants anormaux. Membre de cette commission, Binet se propose de fournir un outil de dépistage scientifiquement valide en exploitant et prolongeant ses travaux entrepris depuis 1894 pour tenter de mesurer les processus mentaux supérieurs. Une première version de cet outil est publiée en 1905 dans *L'Année Psychologique*, suivie de versions révisées, publiées dans la même revue en 1908 et en 1911.

L'objectif de l'échelle métrique est de permettre une hiérarchisation de différents individus par l'emploi d'une méthode comparative (comparaison d'enfants d'âges différents, comparaison d'enfants normaux et anormaux).

Le matériel est composé d'un ensemble d'épreuves (ou tests) composites, c'est-à-dire explorant aussi bien la mémoire, la compréhension, le raisonnement,... épreuves dont certaines sont faciles, d'autres difficiles (*Pour en savoir plus 1.e*). Le choix des épreuves à conserver n'est pas fondé sur une théorie, mais sur leur rendement : pour être retenue, il faut qu'une épreuve soit discriminante, c'est-à-dire qu'elle permette d'établir une fréquence de réussite différenciée entre deux classes d'âge successives. Au plan empirique, il s'agit d'un travail énorme, puisqu'il a fallu observer, questionner des centaines d'élèves par classe d'âge et ajuster progressivement le matériel. C'est ce travail qui est essentiellement rapporté dans l'article de 1905.

POUR EN SAVOIR PLUS 1.e

Epreuves de l'Echelle Métrique (Binet et Simon, 1908)

Les auteurs récapitulent les épreuves utilisées par classe d'âge de 3 à 13 ans (p. 58-59). Voici quelques exemples.

Enfants de 5 ans

Comparer 2 boîtes de poids différents
Compter 4 sous
Répéter une phrase de 10 syllabes
Copier un carré
Recomposer un jeu de patience en 2 morceaux

Enfants de 8 ans

Lire un fait divers et conserver 2 souvenirs
Compter 9 sous
Nommer 4 couleurs
Ecrire sous dictée
Compter à rebours de 20 à 0
Comparer 2 objets par le souvenir

Description de l'épreuve "Jeu de patience en deux morceaux" (p. 18-19)

On place sur une table une carte modèle de forme rectangulaire et la même carte découpée en deux morceaux sur la diagonale et on demande à l'enfant : "Mets ensemble, réunis ces deux morceaux pour faire pareil à cette figure-là".
Ce jeu est un travail d'intelligence qui implique :
1e avoir présent à l'esprit le but à atteindre, c'est-à-dire la figure à former (...) ;
2e essayer différentes combinaisons sous l'influence de cette idée directrice (...) ;
3e juger la combinaison formée en la comparant au modèle".
Notons que nous retrouvons, dans cette description des exigences de la tâche, les trois composantes de l'acte intelligent définies par Binet (direction, adaptation, censure).

Cette épreuve appartient aux épreuves de niveau 5 ans (selon le principe énoncé ci-dessus) car, lors des observations effectuées par Binet et Simon, il apparaît que la réussite à cette épreuve est de 33 % chez les enfants de 4 ans et de 92 % chez ceux de 5 ans.

La mesure de l'intelligence normale et donc aussi du retard intellectuel est basée sur les principes suivants :

— en fonction des réponses fournies aux épreuves de l'échelle, on peut calculer un score.

— sur une large population, on peut ordonner les épreuves par groupe d'âge en fonction des scores. Le critère choisi est que 50 à 75 % des enfants d'un âge donné réussissent telle épreuve. Par exemple, une épreuve qui est échouée par plus de 50 % des enfants de 4 ans, mais qui est réussie par

75 % des enfants de 5 ans fera partie des épreuves de niveau 5 ans (*Pour en savoir plus 1.e*).

— sur cette base, on peut évaluer quantitativement le développement de l'intelligence de chaque enfant en comparant son âge réel (ou chronologique) et le niveau d'âge des épreuves qu'il réussit (qu'on appellera âge mental). Ainsi, un enfant de 7 ans qui réussit les épreuves de 7 ans aura une intelligence normale, c'est-à-dire que ses performances sont comparables à la majorité des enfants de son âge. En revanche, un enfant de 7 ans qui ne parvient pas à résoudre les épreuves au-delà du niveau de 5 ans aura un âge mental de 5 ans, et donc présentera un retard de 2 ans par rapport à son âge chronologique.

Pour Binet, c'est donc la différence entre âge chronologique et âge mental qui sert de mesure de l'intelligence. Ultérieurement, des psychologues (Stern* et Terman*) proposeront d'utiliser le rapport plutôt que la différence entre les deux âges. Ce rapport âge mental / âge chronologique x 100 est appelé le quotient intellectuel (Q.I.).

ENTRAINEZ-VOUS

Trois enfants de 8 ans, Pierre, Paul et Jacques, réalisent les épreuves de l'Echelle Métrique de l'Intelligence. Pierre réussit les épreuves de niveau 8 ans ; Paul réussit les épreuves de niveau 6 ans, mais échoue aux épreuves de niveau supérieur ; Jacques réussit non seulement les épreuves de niveau 8 ans, mais aussi celles des niveaux 9 et 10. Quel est le Q.I. de chacun de ces trois enfants ?

Vérifiez vos réponses à la fin du chapitre p. 51.

En résumé, on peut considérer Binet comme un des fondateurs de la psychométrie. F. Galton* (1822-1911) et J. McK. Cattell* (1860-1944) étudiaient eux aussi les différences individuelles, mais ils le faisaient sur des fonctions élémentaires telles que l'acuité auditive et visuelle, la vitesse de frappe. En revanche, Binet a été le premier à proposer de mesurer l'intelligence et son développement. Les épreuves qu'il a conçues à cet effet peuvent paraître hétéroclites, mais elles résultent d'un choix correspondant à sa conception de l'intelligence. Si de nos jours l'Echelle Métrique n'est guère employée, elle a connu à son époque un grand succès et une diffusion très rapide dans le monde. Ainsi, dès 1916, L. M. Terman élaborait une version américaine de cette échelle, connue sous le nom de Stanford Revision, puis une version plus complète, connue sous le nom de Terman-Merril (1937).

3. Synthèse : apports et limites des pionniers

Que retenir de l'apport de ces fondateurs ? Dans cette synthèse, nous tenterons de résumer les points communs et les divergences entre les différents champs d'étude développés au cours de cette période initiale. Le point de convergence central entre tous les auteurs que nous avons évoqués est leur contribution à l'émergence de la psychologie scientifique. Celle-ci peut s'identifier à trois niveaux étroitement complémentaires :

— au niveau de la définition de *l'objet d'étude*, tout d'abord. Il ne s'agit plus d'étudier les faits de conscience en eux-mêmes et pour eux-mêmes, mais d'étudier des phénomènes psychologiques ou des fonctions psychologiques en relation avec des données de l'environnement, dans des conditions que l'on peut maîtriser et reproduire. Ce changement est encore timide chez Wundt pour qui l'objet à étudier reste la conscience, même s'il en modifie quelque peu les conditions d'étude. Ce changement sera plus affirmé chez d'autres auteurs, puisque des objets d'étude comme la mémoire ou l'intelligence ne sont pas étudiés comme faits de conscience. Ceci est particulièrement net chez Ebbinghaus qui postule l'existence de traces inconscientes ou d'une mémoire implicite.

— au niveau de la *méthodologie* adoptée. Le changement d'objet va de pair avec un changement dans la manière dont on conçoit le recueil des données. Dans la psychologie philosophique, le concepteur et défenseur d'un point de vue est à la fois réalisateur, acteur et spectateur de son monde intérieur et metteur en scène du compte rendu qu'il en fait. Cette démarche viole le principe scientifique fondamental d'une indépendance entre l'observateur et ce qu'il observe. Avec les pionniers, l'exploration des phénomènes psychologiques ne se fait plus majoritairement sur soi ou à partir de soi, mais sur autrui. En outre, au cours de cette période, l'introspection va changer de statut : initialement conçue comme méthode de compréhension immédiate de ses propres processus psychologiques, elle devient technique de recueil de faits subjectifs que le chercheur doit analyser. Parallèlement, les pionniers ont développé de nouvelles techniques assurant la production de données objectives (c'est-à-dire ne faisant pas appel aux sentiments, impressions, jugements du sujet) et quantifiables.

Cette évolution ne doit pas être conçue comme une rupture radicale et l'œuvre de tous les pionniers illustre la coexistence de plusieurs positions méthodologiques. Ainsi, Wundt fondait essentiellement ses travaux sur la méthode introspective, appliquée partiellement à lui-même, mais surtout à autrui, alors qu'Ebbinghaus élaborait des indices objectifs de mémoire, mais en se prenant lui-même comme sujet. Comme Wundt, Fechner utilisait des données subjectives mais, contrairement à celui-ci, il ne demandait pas à ses sujets d'analyser en profondeur leurs sensations, mais d'émettre une réaction subjective à une excitation physique. De même, Binet et Ebbinghaus utilisaient des données verbalisées par les sujets ; cependant, celles-ci n'étaient pas considérées comme le reflet d'un état subjectif, mais comme des réponses à une tâche. Ebbinghaus par exemple ne cherchait pas à analyser sa manière d'apprendre, mais se contentait d'utiliser l'évolution de ses réponses verbales (rappels) pour mesurer ses acquisitions.

Au-delà de ces différences, ces chercheurs partageaient le souci de recueillir les faits dans des conditions contrôlées et répétables (description du matériel utilisé, formulation de consignes, explicitation des conditions de passation...). L'introduction de la mesure a renforcé cette orientation en obligeant à décrire de manière précise, non seulement les conditions que l'on fait varier, mais ausssi les données que l'on recueille.

— au niveau de la définition du *domaine de la psychologie.* Le changement conjoint d'objet et de méthode a offert à la psychologie nouvelle la possibilité d'élargir son champ d'investigation. Comme le notait Guillaume (1946, p. 275), "la psychologie construite sur la base de l'introspection est celle d'un être très particulier ; on a dit avec raison que c'était la psychologie de l'homme blanc, adulte, civilisé, normal et même de l'intellectuel et du philosophe. (...) Elle ne nous apporte rien sur les fonctions mentales de l'enfant, de l'anormal, du primitif, de l'animal. (...) Elle ne peut fournir la large base nécessaire à une psychologie générale". L'œuvre de Binet illustre cet élargissement du champ d'investigation de la psychologie aux enfants normaux et anormaux qui n'aurait pu être possible par le seul recours à l'introspection.

Influencés par le positivisme et soucieux d'élaborer de nouvelles méthodes d'investigation des phénomènes psychologiques, les pionniers ont été davantage préoccupés d'établir des faits et des lois que de développer et d'étayer empiriquement leurs conceptions. En témoignent, par exemple, les commentaires du jury de thèse d'Ebbinghaus soulignant la richesse et la rigueur méthodologique de ses travaux, mais lui reprochant la banalité de ses résultats eu égard à un enrichissement des réflexions théoriques sur la mémoire (*in* Sprung et Sprung, 1986) ; ou encore, la boutade attribuée à Binet : à quelqu'un qui lui demandait "Qu'est-ce que l'intelligence ?", Binet aurait répondu "C'est ce que mesurent mes tests".

Dans les différents manuels traitant de l'histoire de la psychologie, il n'y a pas de consensus pour attribuer à un chercheur le statut de fondateur de la psychologie moderne. Certains privilégient Wundt, mettant ainsi l'accent sur l'institutionnalisation de la psychologie plus que sur le caractère canonique de sa démarche ; d'autres privilégient Fechner, mettant ainsi l'accent sur l'importance de l'introduction de la mesure en psychologie ; d'autres, enfin, font référence à Ebbinghaus en soulignant ainsi que l'objet de la psychologie est l'étude scientifique des fonctions supérieures. Peu importe à qui est attribuée la paternité de la psychologie moderne. L'essentiel à retenir est qu'ils ont tous contribué à remettre en cause la conception, dominante à leur époque, d'une psychologie intégrée à la philosophie. Ce changement est parfaitement résumé dès 1870 par Ribot* lorsqu'il écrit : "La psychologie (...) sera donc précisément expérimentale : elle n'aura pour objet que les phénomènes, leurs lois et leurs causes immédiates ; elle ne s'occupera ni de l'âme ni de son essence car cette question étant en dehors de la vérification appartient à la métaphysique" (*in* Fraisse, 1963, p. 29). En traitant les faits psychologiques comme une mise en relation de grandeurs physiques et de grandeurs psychologiques, ils ont préparé l'émergence du premier paradigme de la psychologie scientifique, le behaviorisme.

LECTURES CONSEILLÉES

Pour approfondir l'histoire de la psychologie

Fraisse, P. (1963), L'évolution de la psychologie expérimentale. *In* P. Fraisse et J. Piaget (Eds), *Traité de psychologie expérimentale. I. Histoire et méthode.* Paris, PUF (pp. 1-70).

Parot, F., Richelle, M. (1992), *Introduction à la psychologie. Histoire et méthodes.* Paris, PUF.

Pour mieux connaître l'œuvre des pionniers

Avanzini, G. (1974), *A. Binet, Ecrits psychologiques et pédagogiques.* Toulouse, Privat.

Binet, A. (1911), *Les idées modernes sur les enfants.* Paris, Flammarion (édition 1973).

Nicolas, S. (1992), Hermann Ebbinghaus et l'étude expérimentale de la mémoire humaine. *L'Année Psychologique*, 92, 527-544.

Tiberghien, G. (1984), *Initiation à la psychophysique.* Paris, PUF.

CORRECTION DE L'EXERCICE PRÉSENTÉ DANS LE § 2.2.3 p. 48.

Sachant que Pierre a réussi les épreuves de niveau 8 ans, son âge mental est de 8 ans et son Q.I. (calculé selon la formule "âge mental / âge chronologique x 100") est de 100. Sur le même principe, le Q.I. de Paul est de 84 et celui de Jacques de 125.

EXERCICES DE RÉVISION DU CHAPITRE I

I - Remplissez les blancs

a - Wundt, Fechner, Ebbinghaus, Binet, sont les pionniers de......................

b - L'acte par lequel nous percevons directement ce qui se passe en nous, nos pensées, nos souvenirs, nos émotions, est appelé ....

c - La métaphysique consiste à rechercher .... des phénomènes.

d - Le premier laboratoire de psychologie a été créé par .... à.. en..

e - Pour Comte, établir des relations entre des phénomènes observables, c'est-à-dire établir ...., est la caractéristique de l'état...

f - Considérer que toutes les connaissances sont issues de l'expérience sensorielle est une position ....

g - La première revue de psychologie en France a été créée par ....et s'appelle ....

h - En dehors de la philosophie, la ....a influencé la naissance de la psychologie.

II - Résolvez les problèmes

a - Cinq boîtes de poids différents (3, 6, 9, 12, 15 g) sont placées en tas devant un enfant. Le psychologue demande à l'enfant d'ordonner les boîtes de la plus lourde à la moins lourde. Le psychologue constate que 83 % des enfants de 8 ans échouent, alors que 86 % des enfants de 9 ans réussissent.

Questions :

- D'après vous qui a conçu cette épreuve ?
- A quel outil de mesure appartient-elle ?
- A quel niveau d'âge cette épreuve correspond-elle ?

b - En 1913, Piéron demande à un sujet d'apprendre des séries de 50 chiffres jusqu'à récitation parfaite. Chaque série est réapprise après un délai variant de 7 à 120 jours. Pour chaque série, on enregistre les temps mis par le sujet pour apprendre et réapprendre la liste.

- De quel phénomène Piéron étudie-t-il l'évolution dans le temps ?
- Quelle méthode utilise-t-il pour mesurer ce phénomène ?
- A qui a-t-il emprunté cette méthode ?

c - Pour calculer le seuil absolu de sensibilité tactile, on pose sur le dos de la main d'un sujet les deux pointes d'un compas dont on fait varier l'écartement. On obtient les résultats suivants :

Stimulations	1 mm	2 mm	3 mm	4 mm	5 mm	6 mm
1ère série	0	0	0	P	P	P
2e série	0	0	P	P	P	P
3e série	0	0	0	P	P	P
4e série	0	0	?	0	P	P
5e série	0	?	0	0	P	P
6e série	0	0	?	P	P	P
7e série	0	0	P	0	P	P
8e série	0	0	0	P	P	P
9e série	0	0	0	P	?	P
10e série	0	0	0	P	P	P
Nombre de perceptions						

- Déterminez le seuil absolu de sensibilité tactile.
- Quel est le chercheur qui, le premier, a utilisé le compas pour mesurer la sensibilité tactile ?
- Dans quelle spécialité de la psychologie cette expérience s'inscrit-elle, et quel en est le fondateur ?

CORRECTION DES EXERCICES

I - Les blancs

a - la psychologie (elle est facile, celle-là !)
b - l'introspection
c - les causes premières
d - Wundt / Leipzig / 1879
e - des lois / positif
f - empiriste
g - Binet et Simon / L'Année Psychologique
h - la physiologie

II - Les problèmes

a - Binet / l'Echelle Métrique de l'Intelligence / 9 ans (car les enfants de 8 ans échouent massivement, 83 %)
b - L'oubli / la méthode d'économie de réapprentissage / Ebbinghaus
c - Le seuil absolu est de 3,5 mm / Weber / psychophysique / Fechner

Nota. Pour calculer le seuil, il faut faire la somme des P, en comptant 0,5 pour les "?", c'est-à-dire remplir la dernière ligne du tableau, puis reporter les valeurs obtenues en % sur une courbe, et repérer la valeur de la stimulation correspondant à 50 % des P.

NOTES

1. *Essai sur l'entendement humain* (1690).
2. *Essais philosophiques sur l'entendement humain* (1748).
3. *Système de logique* (1843).
4. Des compléments biographiques sur les auteurs dont le nom est suivi d'un * sont fournis en fin d'ouvrage.
5. *Fondements de psychologie physiologique.*
6. *Eléments de psychologie du peuple.*
7. *Sur la mémoire : une contribution à la psychologie expérimentale.*
8. *Fondements de la psychologie.*
9. *Abrégé de psychologie.*

CHAPITRE II

Le behaviorisme, premier paradigme de la psychologie générale

Le paradigme behavioriste définit un ensemble de problèmes d'étude, un programme et une méthodologie pour une psychologie conçue comme la science du comportement (*behavior* = comportement). En tant que paradigme, il comporte un versant théorique et un versant méthodologique. L'histoire retiendra surtout ce second versant. Rares sont de nos jours les psychologues qui défendent un behaviorisme radical, c'est-à-dire qui défendent aussi les conceptions de l'homme et les aspects théoriques de cette école.

Le behaviorisme a pris naissance aux Etats-Unis où, plus qu'en Europe, il a dominé les conceptions et les recherches psychologiques durant la première moitié de ce siècle. Cependant, d'un point de vue historique, il convient de signaler qu'un projet de même nature avait été formulé, dès 1908, par le Français Henri Piéron* (1881-1964). Lors d'une leçon inaugurale prononcée à l'Ecole des Hautes Etudes, il présente, pour la première fois, une conception nouvelle de la psychologie scientifique. On peut lire dans ce texte : "Il est possible autant que nécessaire non point de nier mais d'ignorer la conscience dans les recherches sur le psychisme des organismes. Mais si ces recherches ne portent pas sur la conscience, sur quoi donc porteront-elles qui ne soit déjà étudié par la physiologie ? Elles porteront sur l'activité des êtres et leurs rapports sensori-moteurs avec le milieu, sur ce que les Américains appellent *'the behavior'* (...) et sur ce que nous sommes en droit d'appeler le comportement des organismes."

Pour la première fois est ainsi formulé le programme de la psychologie, science du comportement, psychologie qui englobe à la fois la psychologie humaine et la psychologie animale. Toutefois, ce manifeste ne suscitera pas en France, ni ailleurs, de "révolution piéronniste". Il faudra attendre quelques années de plus pour que soient formulées, sous la plume de Watson, les bases doctrinales d'une véritable école paradigmatique.

Pour développer le paradigme behavioriste (*cf.* figure 2 en introduction), nous présenterons, dans un premier temps, l'œuvre de Watson et le contexte intellectuel dans lequel elle s'est développée (§ 1.). Dans un deuxième temps, nous examinerons sa conception générale de la psychologie, c'est-à-dire les critères que doit remplir, selon lui, la psychologie pour accéder au statut de discipline scientifique et l'objet qu'elle se doit d'étudier, à savoir le comportement (§ 2.). Puis, nous décrirons la méthode d'étude préconisée par Watson (§ 3.) et la manière dont il rend compte de la construction des comportements (§ 4.). Dans ces sections, nous ferons état, non seulement des propositions de Watson, mais aussi des positions théoriques et des recherches empiriques qui l'ont influencé. La psychologie behavioriste ne se résume pas à l'œuvre de Watson. De nombreux chercheurs ont contribué au développement, mais aussi au dépassement de sa conception. Dans ce chapitre, nous présenterons tout d'abord un exemple du développement orthodoxe du behaviorisme, à travers les travaux de Skinner (§ 5.), puis le projet ambitieux de Hull d'inscrire le behaviorisme dans une démarche hypothético-déductive (§ 6.). Une dernière section dégagera les apports et limites du paradigme behavioriste.

1. Quelques mots sur Watson et son époque

1.1. Vie et œuvre de Watson

John Broadus Watson (1878-1958) est né à Greenville dans le sud des Etats-Unis, dans une famille de fermiers pauvres. Il entreprend des études de philosophie, de psychologie et de physiologie à l'université de Chicago, bastion de l'école fonctionnaliste (voir plus loin). En 1903, il soutient une thèse de psychologie animale intitulée *Animal Education*, thèse dirigée par J. R. Angell*. Cette thèse traite du rôle de la maturation neurologique dans l'apprentissage de rats blancs placés dans des labyrinthes. Suite à sa thèse, il obtient un poste d'assistant chargé du laboratoire de psychologie de la même université. En 1908, à la demande de J. M. Baldwin* qui lui offrait un meilleur statut, il devient professeur de psychologie à l'université John Hopkins de Baltimore et dirige le laboratoire de psychologie comparée. Durant cette période, il développe l'essentiel du behaviorisme ainsi que quelques relations intimes avec son assistante, Rosalie Rayner. Ces relations rendues publiques par son épouse, Watson est congédié en 1920 par l'institution universitaire. Suite à ce renvoi, il alla exercer ses talents dans le monde des affaires, notamment dans la publicité, où il devint vice-président de l'agence publicitaire J. W. Thompson Company.

La doctrine watsonnienne d'une psychologie comportementaliste a été diffusée dans plusieurs textes dont nous ne citerons que les principaux. Au printemps 1913, paraît un article intitulé “Psychology as the behaviorist views it”[1] dans *Psychological Review* dont Watson est le directeur de publication. Cet article est considéré, pour reprendre l'expression de Parot et Richelle (1992), comme “l'acte de naissance” de la psychologie behavioriste. Les bases de cette psychologie sont ensuite développées dans plusieurs ouvrages dont :

Behavior : an introduction to comparative psychology (1914)
Psychology from the standpoint of a behaviorist (1919)
Behaviorism (1924).

Entre 1913 et 1929, Tilquin (1942) recense trente sept publications de Watson, seul ou en collaboration. Après son départ de l'université, Watson s'est attaché à diffuser le behaviorisme dans la société américaine, notamment en matière d'éducation.

1.2. Le climat intellectuel aux Etats-Unis

Dès la fin du XIXe siècle, la psychologie américaine s'organise. Dans son ouvrage sur la psychologie américaine, Zazzo (1942) date le premier ouvrage de psychologie à la parution de *L'esprit humain* de Noah Porter en 1868. Le premier laboratoire officiel est créé par Stanley Hall* en 1883 à l'Université John Hopkins. Dès 1887, sont éditées les revues *American Journal of Psychology* et *Psychological Review*. En 1892, trente et un psychologues américains se réunissent à Philadelphie et créent l'American Psychological Association (APA).

La psychologie du début du siècle est marquée par l'opposition entre deux écoles rivales : le *structuralisme* et le *fonctionnalisme*. Pour comprendre l'émergence du behaviorisme, il convient de présenter les principales caractéristiques de ces deux écoles.

Edward B. Titchener (1867-1927) est le maître à penser de la psychologie structuraliste qu'il enseigne à l'Université de Cornell de 1892 à 1927. D'origine anglaise, Titchener est un élève et un héritier direct de Wundt dont il défend et développe la conception de la psychologie. On retrouve donc dans le structuralisme les éléments conceptuels et méthodologiques présentés dans le chapitre I (§ 2.1.). La conscience est conçue comme un phénomène mental à étudier en lui-même et pour lui-même ; la psychologie a pour seul but l'étude descriptive et analytique des états de conscience par le moyen de la méthode introspective expérimentale. Elle a une visée de connaissance pure et n'a pas à se préoccuper de finalités pratiques.

A la position atomistique du structuralisme s'oppose le fonctionnalisme. Pour cette école, la conscience n'est plus conçue comme un état mais comme un flux, une activité, grâce auquel l'organisme s'adapte au milieu. La psychologie a pour but d'étudier cette fonction d'adaptation, c'est-à-dire d'expliquer comment l'esprit fonctionne en action pour permettre à l'individu de s'adapter. La conception fonctionnaliste se double d'une visée pratique : l'étude des adaptations conduit naturellement à s'intéresser aux conditions de leurs changements.

Cette conception de la conscience, qualifiée de fonctionnaliste par Titchener, trouvera son développement avec la constitution, en 1884, de l'école de Chicago, regroupant sous l'impulsion de John Dewey des psychologues comme J. R. Angell, G. H. Mead, Moore. Ces chercheurs développent les idées de William James dont certains d'entre eux ont été les élèves.

Disons quelques mots de James et de Dewey. William James (1842-1910), frère de l'écrivain Henry James, a fait des études de médecine, a enseigné la physiologie, puis la psychologie et la philosophie à Harvard. Au plan psychologique, James rejette la conception élémentariste et la démarche analytique des états de conscience de Wundt et de Titchener. Dans son ouvrage *Principles of psychology* (1890), la conscience ou la pensée est conçue comme un flux, une activité, qui évolue et qui trouve son unité dans le moi *(self)*. Elle a une fonction d'adaptation de l'individu au milieu. Au plan philosophique, James a développé une conception pragmatique de la vérité (*Pragmatism*, 1907) selon laquelle est vraie une connaissance utile, efficace. John Dewey (1859-1952) a prolongé en psychologie les idées de James selon lesquelles la fonction de l'esprit est de guider le comportement. Dans un article intitulé "The reflex arc concept in psychology" (1896), il écrit que "le stimulus et la réponse ne sont pas distincts en soi, mais renvoient à une distinction téléologique, c'est-à-dire une distinction de fonctions en référence à l'atteinte ou au maintien d'un but" (p. 365). Pour lui, l'unité comportementale que constitue l'arc réflexe doit être considérée comme un tout, comme un acte d'adaptation au milieu. En cela, il s'oppose à l'élémentarisme issu de l'école allemande.

En résumé, on peut dire que, dans les modèles analogiques empruntés à d'autres sciences, les structuralistes s'inspirent des modèles des sciences de la matière, comme la chimie, alors que les fonctionnalistes s'inspirent des modèles des sciences de la vie, comme la biologie, et des conceptions darwiniennes de l'adaptation. Malgré leur divergence de conception, ces deux écoles gardent la conscience comme objet d'étude psychologique et l'introspection comme méthode d'investigation.

L'influence indirecte de la théorie darwinienne sur le développement de la psychologie se manifeste également à cette période par l'essor de la psychologie animale, appelée aussi psychologie comparée. Le terme "comparée" rend bien compte de l'ambition de cette psychologie : établir, depuis les micro-organismes jusqu'à l'homme, l'existence ou non d'une continuité psychologique au plan de la conscience ou de l'intelligence. L'Anglais Lloyd Morgan (1852-1936) est habituellement considéré comme le fondateur de la psychologie animale avec la publication de son ouvrage *Introduction to comparative psychology* (1884). Son nom reste attaché à la formulation de la règle de parcimonie selon laquelle "en aucun cas, nous ne devons interpréter une action comme le résultat de l'exercice d'une faculté psychologique de haut niveau, si cette action peut être interprétée comme le résultat de l'exercice d'une faculté qui se situe à un niveau inférieur de l'échelle psychologique" (cité *in* Miller, 1962, p. 234). Cette règle a été interprétée comme le rejet de tout anthropomorphisme dans l'explication du comportement animal. Cependant, malgré les efforts des objectivistes allemands de l'époque (T. Beer, A. Bethe, J. von Uexküll) pour créer une terminologie exempte de toute subjectivité (par exemple, parler de photoréception au lieu de sensation visuelle, phonoréception au lieu de sensation auditive, résonance au lieu de mémoire...), de nombreux "zoopsychologues", y compris Morgan, doublaient leurs descriptions comportementales d'une interprétation psychologique (par exemple, l'animal est satisfait). Cette démarche qui cherchait à identifier des états de conscience chez les animaux supérieurs, par l'étude de leur adaptation à des situations problème, se retrouve chez les psychologues américains tels que Yerkes*, Thorndike et même Watson, comme il le confesse à propos de ses premières recherches.

Comme on l'a vu dans la section précédente, Watson a fait ses études à l'Université de Chicago et a réalisé sa thèse sous la direction d'Angell. Du fonctionnalisme, il retiendra la nécessité pour la psychologie d'étudier des faits d'adaptation et d'être une science pratique. De la psychologie animale, il retiendra l'observation comportementale en raison de sa capacité à établir des lois suffisantes pour élaborer une psychologie appliquée. Débarrassés de leurs scories mentalistes, les principes de la psychologie animale seront généralisés à l'étude de l'homme et constitueront les bases de la conception behavioriste d'une psychologie scientifique.

2. La conception watsonnienne de la psychologie

Dans son texte fondateur de 1913, Watson écrit : "La psychologie telle que le behavioriste la voit est une branche expérimentale purement *objective* des sciences naturelles. Son but théorique est la *prédiction* et le *contrôle* du comportement" (p. 158)[2]. Cette citation présente les critères et l'objet de la psychologie selon Watson.

2.1. La nécessité de fonder une psychologie objective

Illustrons ce premier critère à partir d'une petite histoire qui a cours chez les psychologues et que l'on trouve rapportée par P. N. Johnson-Laird, professeur de psychologie. C'est l'histoire de deux behavioristes qui font l'amour. A la fin, l'un des partenaires dit à l'autre : "J'ai observé que c'était bien pour toi, mais comment c'était pour moi ?"

A travers cette phrase, réfléchissez un instant à ce que Watson attend d'un psychologue behavioriste : qu'en toute circonstance, il se refuse à l'introspection pour s'en tenir à des observations objectives d'autrui.

Ce premier critère d'objectivité se fonde en effet sur une critique acerbe de la psychologie introspective. "Le behaviorisme, dit-il, estime que la conscience n'est un concept ni défini, ni utilisable (...) et la croyance en l'existence de la conscience nous ramène aux anciens jours de la superstition et de la magie (...) La psychologie introspective est fondée sur des hypothèses erronées et ne pourra jamais parvenir à des conclusions vérifiables" (Watson cité *in* Naville, 1942, p. 15 de l'édition 1963).

Vérifiable, le mot est lâché. Ce que Watson nie en priorité à la psychologie introspective, c'est la fidélité de ses observations, c'est sa capacité à produire (du fait de la nature même de sa méthode) des faits fiables, des faits suffisants pour pouvoir servir de preuve aux affirmations théoriques (hypothèses) tenues sur la conscience. Autrement dit, la conscience ne peut être un objet d'étude scientifique. L'argument avancé ici par Watson est d'ordre méthodologique. On notera cependant qu'entre 1913 et 1919 sa pensée évoluera : de l'affirmation de l'impossibilité d'étudier scientifiquement la conscience (behaviorisme méthodologique), il passera à la négation de la conscience en tant que réalité ou entité (behaviorisme ontologique).

Pour Watson, au plan méthodologique, le problème de la fidélité des observations est résolu par l'emploi d'une méthode objective. Une méthode objective est une méthode qui permet d'établir des *faits publics*, c'est-à-dire des faits qui peuvent être constatés et vérifiés par des observateurs extérieurs, ou encore (comme le dit Guillaume, 1946) des faits qui peuvent faire l'objet d'un accord entre plusieurs observateurs extérieurs et indépendants. De ce point de vue, la méthode introspective n'est pas scientifique : les faits observés par les yeux de l'esprit (même s'ils sont entraînés) ne peuvent être établis que par une seule personne, celle qui s'introspecte. Ils sont privés, donc invérifiables : un observateur extérieur (ou plusieurs) ne peut ni voir, ni toucher les états mentaux du sujet qui s'introspecte ou, selon l'expression de Watson "personne n'a jamais touché une âme".

Mais en changeant de méthode, on change conjointement d'objet : demander aux psychologues d'être objectifs, c'est leur demander d'abandonner l'introspection et consécutivement leur objet (les faits de conscience) pour s'occuper de l'étude de faits observables de l'extérieur. Que sont ces faits observables ? Ce sont les comportements.

2.2. L'objet de la psychologie : le comportement

Tilquin (1942) nous apprend que le terme *behavior* a d'abord été employé en chimie (1866), puis introduit en biologie, dès 1869, par Huxley et popularisé dans cette discipline et en psychologie animale par Jennings, en 1899. En psychologie humaine, Pillsbury est le premier, en 1904, à définir la psychologie comme science du comportement et Angell annonçait, en 1910, le remplacement de l'âme par le comportement. Watson reprendra le terme en le précisant.

Tout d'abord, pour Watson, le comportement correspond, en première approximation, à ce que l'on entend de façon habituelle, à savoir ce qu'un individu fait ou dit. Plutôt devrait-on dire, ce qu'un observateur peut voir faire ou entendre dire par une personne. Le comportement désigne les mouvements physiques ou les gestes, toute l'activité corporelle ou motrice d'un être vivant, comme lever le bras, se gratter la tête, faire de la bicyclette. Petite précision toutefois. Watson distingue deux types de mouvements : des mouvements explicites, c'est-à-dire observables directement et des mouvements implicites, c'est-à-dire des mouvements que l'on ne peut observer que par l'intermédiaire d'instruments d'observation spécifiques, parce que ces mouvements se déroulent dans l'organisme. Ce sont les mouvements musculaires ou glandulaires, comme les battements du cœur, les sécrétions des glandes salivaires.

En première acception, se comporter équivaut donc à l'ensemble des mouvements physiques externes et internes d'un organisme vivant. Mais, dans la terminologie behavioriste, la notion de comportement désigne quelque chose de plus.

Prenons quelques exemples : une lumière très intense affecte vos organes ou récepteurs sensoriels visuels. Qu'observe-t-on ? Vos pupilles se rétractent, vos paupières s'abaissent et, grand soulagement, la lumière vive n'excite plus vos yeux. Vous avez faim, votre estomac se tord dans tous les sens, ces crampes des muscles stomacaux poussent votre corps à se déplacer jusqu'à la cuisine où il se met à s'alimenter ; une fois rassasié, les contractions musculaires de votre estomac disparaissent,... mais voilà que quelqu'un sonne à la porte et vous vous mettez de nouveau en mouvement.

Que montrent ces exemples ?

D'une part, un mouvement a toujours une cause, c'est-à-dire qu'il constitue une réaction à quelque chose. Ce quelque chose qui pousse l'organisme à agir, est appelé, en langage behavioriste, un stimulus (étymologiquement "aiguillon"). Watson emploie le terme stimulus dans son sens physiologique, c'est-à-dire tout ce qui, en affectant les organes sensoriels, déclenche un mouvement réactionnel de ou dans l'organisme. Ces stimuli ont tous des propriétés physiques mesurables (par ex. intensité de la lumière), mais certains de ces stimuli sont en provenance du milieu extérieur (la lumière, la sonnerie), d'autres sont internes, proviennent de l'intérieur de l'organisme (par ex. les crampes musculaires de l'estomac). On peut souligner ici les deux fonctions des muscles, organes moteurs de la réaction et sources de stimulation.

D'autre part, les mouvements réactionnels causés par des stimuli servent à quelque chose : ils ont une fonction d'adaptation ou plutôt d'ajustement. "Par ajustement, disait Watson, nous voulons dire qu'en se mouvant l'organisme modifie son état physiologique de telle façon que le stimulus ne provoque plus de réaction" (*in* Naville, *op. cit.*, p. 41). Cette adaptation reste provisoire : dès qu'un sujet a réagi à un stimulus, d'autres stimuli surviennent et appellent d'autres réactions adaptatives.

En résumé, pour Watson, l'objet ou fait d'étude de la psychologie, c'est le comportement. Le comportement n'est pas seulement la réaction, mais avant tout :

une liaison, une relation, entre

un stimulus (objet physique et objectivement observable et mesurable) provenant du milieu externe ou interne et

une réponse (mouvement externe ou interne objectivement observable et mesurable), produite par un organisme en réaction aux stimuli qui l'affectent.

Ces réponses ayant une fonction adaptative, les comportements, les relations Stimulus-Réponse (S-R) sont les faits d'adaptation étudiés par la psychologie scientifique.

S ——► R **ou** **R = f (S)**

Examinons quelques instants ce que nous venons de dire du behaviorisme, notamment les exemples choisis à titre illustratif de l'objet. On pourrait penser que la psychologie behavioriste s'intéresse en définitive à des comportements, des liens S-R simples, partiels (un stimulus-une réponse), à des comportements qui ressemblent fort à des "réflexes organiques", incluant des réponses toutes faites, données en quelque sorte dès la naissance. Si tel était le cas, la psychologie behavioriste serait bien restrictive quant à son domaine d'étude. L'homme n'est pas qu'un paquet de réflexes ; du bébé à l'adulte, des comportements nouveaux apparaissent, se développent, s'affinent. Si comme un bébé, l'adulte transpire, respire, naturellement, en revanche, il sait faire des choses nouvelles, comme arrêter un véhicule à un feu rouge, se déplacer dans une ville, construire une maison, taper sur un clavier d'ordinateur, fuir en voyant un lion, écrire un livre, faire un discours,... Soit, en plus des réponses réflexes, il émet des réponses apprises simples (comme feu rouge —> appui sur la pédale de frein) ou complexes (comme taper un texte ou jouer du piano) consistant en un ensemble intégré de plusieurs réactions. Ces réponses apprises constituent-elles également un objet d'étude pour les behavioristes ? Ecoutons la réponse de Watson : "Je note attentivement le comportement (des nouveau-nés) à la naissance, quelles formes nouvelles de comportement non appris se développent à intervalles définis après la naissance. J'étudie également comment la formation d'habitudes peut se déclencher chez ces très jeunes enfants et je note les divers facteurs qui aident à la formation de nouvelles habitudes. En d'autres mots, je commence à distinguer par mes observations la part du comportement humain qui est innée de celle qui est acquise. Cela aussi est de la psychologie. (...) Tous les phénomènes liés aux êtres humains sont objectifs, même les choses que vous appelez maintenant 'mémoire' et 'pensée'." (Watson, 1926, *in* Paicheler, 1992, p. 298).

Comme l'illustre la réponse de Watson, le behaviorisme a pour ambition d'analyser le comportement humain à tous les niveaux, "depuis celui du réflexe organique partiel jusqu'au niveau de la réponse professionnelle et sociale" (Naville, 1963, p. 47), soit jusqu'au niveau des comportements complexes et appris. Le paradigme behavioriste a pour domaine d'étude toutes les formes d'adaptation de l'être humain. Les comportements spontanés et les formes d'adaptation acquises, c'est-à-dire les habitudes, se répartissent pour Watson en trois systèmes dont la définition watsonnienne peut réserver quelques surprises au lecteur.

Le premier système est constitué par *les émotions*, fonctions affectives dans le langage de la psychologie générale. Eh oui ! Pour Watson, les émotions comme la peur, la joie, l'amour, sont à concevoir en terme comportemental. Confronté à certaines stimulations (par exemple, la vue d'un lion), l'organisme répond par des réactions musculaires particulières (froncer les sourcils, ouvrir grand les yeux, prendre ses jambes à son cou...), réactions associées à des réactions implicites glandulaires et viscérales (comme la montée d'adrénaline). Une telle relation S-R décrit la peur en terme comportemental.

Le deuxième système est constitué par les *habitudes manuelles*, c'est-à-dire les comportements assurant l'utilisation ou la transformation du milieu, ainsi que les déplacements dans ce dernier (ouvrir une boîte, faire un gâteau, faire de la course à pied...). Ces habitudes, ou fonctions sensori-motrices, ne doivent être analysées qu'en termes de relation entre des stimuli et des réponses.

Le troisième système est constitué par les *habitudes du langage*, soit les fonctions cognitives du langage, de la mémoire et de la pensée, ou plus exactement, en termes watsoniens, le parler et le penser. Pour Watson, le langage est la parole articulée, c'est-à-dire la mise en mouvement des muscles de la bouche, de la langue, du larynx. Quant à la pensée, elle est la parole subvocale, muette et silencieuse. Penser, c'est se parler à soi-même. Comme le langage, la pensée est aussi analysable en termes de réactions, de mouvements musculaires[3]. Seulement, "la musculature qui exerce la fonction de penser", c'est-à-dire les muscles glosso-pharyngés, étant cachée, ces mouvements qui se déroulent derrière le mur des lèvres fermées sont plus difficiles à observer, mais ce comportement sub-verbal est tout aussi objectif que jouer au base-ball. Comme l'a dit Lashley (1923), *"mind is behavior and nothing else"* (*in* Tilquin, *op. cit.*, p. 33).

Quel que soit le système d'habitude considéré, la mémoire est aussi un comportement puisqu'elle est la répétition d'une habitude antérieurement acquise (un geste, une émotion, un mot) lorsque le stimulus initial se présente à nouveau à l'individu.

En résumé, la psychologie behavioriste a pour objet les relations stimulus-réponse. Watson ne limite pas le terme stimulus à son acception physiologiste, mais en étend la signification : “Au laboratoire, quand nous avons affaire à des facteurs relativement simples tels que des vibrations lumineuses ou des vibrations acoustiques (...) nous employons le mot stimulus. Par contre, quand les facteurs qui commandent aux réactions sont plus complexes, par exemple quand ils appartiennent à l'environnement social, nous parlons de *situation*.” (Watson, *in* Tilquin, *op. cit.*, p. 105). De la même façon, le terme de réponse ou réaction désigne non seulement les réponses élémentaires, simples, mais aussi des systèmes de réponses intégrées, appelées *actes*.

En s'élaborant, ces relations S-R se constituent en familles d'habitudes que le psychologue doit étudier, non pas séparément, mais “comme un tout” dans le sens où tout stimulus déclenche des réactions tant viscérales (émotions) que musculaires (réponses manuelles) et laryngées (parler et penser).

2.3. L'objectif de prédiction et de contrôle

Dans quel but un psychologue behavioriste se propose-t-il d'étudier et de produire des connaissances sur les comportements ? Il souhaite amener les individus à se comporter aujourd'hui autrement qu'ils ne le faisaient hier. La psychologie behavioriste vise à orienter, modifier l'activité comportementale des êtres vivants. “Le behaviorisme veut être la science qui (...) facilite aux hommes et aux femmes la réorganisation de leur propre existence et spécialement l'éducation de leurs enfants. Je voudrais pouvoir montrer comment nous ferions un riche et merveilleux individu de tout enfant bien portant, si seulement nous pouvions le former convenablement et lui fournir un univers où son organisation puisse s'exercer (...). Le monde changera si vous élevez vos enfants dans la liberté behavioriste.” (Watson, *in* Naville, *op. cit.*, p. 344).

Comme l'indiquait la citation de Watson au début de cette section, cet objectif pratique sera atteint quand le psychologue parviendra à prédire et à contrôler les comportements : en langage behavioriste, ceci signifie que, connaissant le stimulus (S), le psychologue peut prédire la réponse (R) et que, pour contrôler ou produire une réponse souhaitée, le psychologue doit connaître le stimulus déclencheur.

soit une réaction R (connue), quel est le stimulus qui la provoque ?

S ? ------------ R connue

ou inversement, le stimulus S étant connu, quelle réponse peut-on prévoir ?

S connu ------------ R ?

Pour résoudre ces problèmes, le psychologue doit s'appuyer sur des connaissances décrivant les relations stables et répétables entre S et R, c'est-à-dire sur des *lois des comportements*. Comment établir ces lois sans faire intervenir des processus mentaux et sans recourir à l'introspection ? En généralisant la méthode utilisée en psychologie animale à l'étude des comportements humains.

3. La méthode d'étude du behaviorisme

3.1. La psychologie animale

Comme nous l'avons évoqué dans la section 1.2., la psychologie animale, même si elle conserve un arrière-plan mentaliste, privilégie dans ses travaux l'étude comportementale de l'animal basée sur l'emploi systématique de méthodes objectives et expérimentales. Dans l'étude des faits d'adaptation, elle s'intéresse plus particulièrement aux comportements dits "intelligents" de l'animal : apprentissage de labyrinthes par des rats (Small, 1900), ouverture de boîtes à problème (Thorndike[4], 1898). Pour illustrer l'apport méthodologique de ces travaux et les perspectives qu'ils ouvrent à Watson, nous présenterons les travaux expérimentaux de Thorndike considéré classiquement comme l'initiateur de la psychologie américaine de l'apprentissage (*learning*).

Edward L. Thorndike (1874-1949) a commencé sa formation à Harvard auprès de James, puis a obtenu, sous la direction de Cattell, un doctorat de psychologie. Ce doctorat, publié sous le titre *Animal intelligence : an experimental study of the associative processes in animals* (1898), présente les premières lois de l'apprentissage conçues par une psychologie scientifique. Ces lois, si elles ont été dégagées chez l'animal, sont dans l'esprit de Thorndike généralisables à l'homme. Cet ouvrage démontre aussi, comme le suggérait Morgan, que des comportements de l'animal, qui en apparence ressemblent à des activités intelligentes, peuvent en fait être expliqués plus simplement. Les travaux de Thorndike portent en germes la doctrine behavioriste de Watson ainsi que sa reformulation par Skinner qui, comme nous le verrons ultérieurement, prolongera l'œuvre de Watson. Nous prendrons donc le loisir de nous y attarder quelque peu.

Thorndike passe son temps dans la cave de son professeur James. Mais que fait-il dans la cave de James ? Il n'y boit pas son vin. Il y construit des cages dont la porte ne peut s'ouvrir que moyennant la manipulation correcte d'un système d'ouverture de type loquet (corde à tirer,...). A proximité de la sortie de la cage, il place un peu de nourriture. Il enferme dans la cage, dite boîte à problèmes, un animal, un chat par exemple, préalablement affamé. Puis, il laisse le chat se débrouiller pour trouver la solution du problème : ouvrir le loquet, sortir de la cage et s'alimenter. L'opération est ensuite renouvelée plusieurs fois.

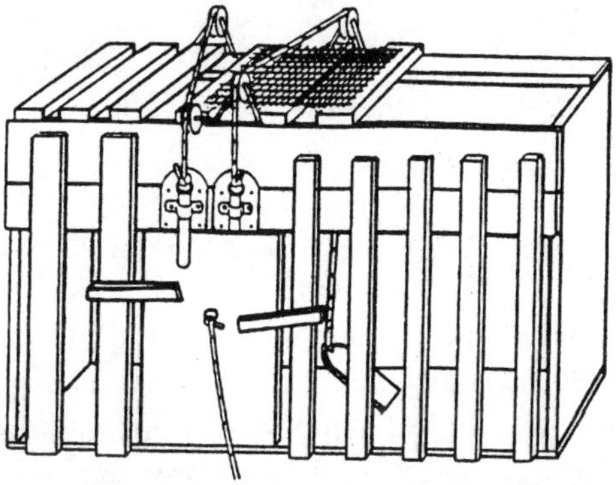

Figure 2.1. Schéma du dispositif de la boîte à problèmes de Thorndike[5]

Que fait Thorndike pendant qu'il fait "travailler" le chat ? A chaque essai, il observe minutieusement tout ce que fait le chat avant de trouver la solution et il enregistre le temps qui s'écoule entre le moment où l'animal est enfermé dans la boîte et le moment où il en sort. Ces observations permettent de constater et de décrire comment s'opère l'apprentissage. D'abord, la solution n'est pas trouvée immédiatement, l'apprentissage se fait par *essais-erreurs*. Ainsi, lors des premiers essais, le chat émet des réactions variées ou activités exploratoires (renifler le sol, se dresser sur les pattes arrière, mordre les barreaux...), puis, par hasard, il manœuvre le loquet, sort de la cage et prend la nourriture. D'un essai à l'autre, ces "tâtonnements" se font de moins en moins nombreux, et en fin d'apprentissage, le chat, dès qu'il est enfermé, en vient quasi immédiatement à manipuler le loquet d'ouverture, à produire la réponse efficace. Parallèlement à la disparition progressive des réactions inutiles, on constate que le temps mis pour trouver la solution diminue d'un essai à l'autre.

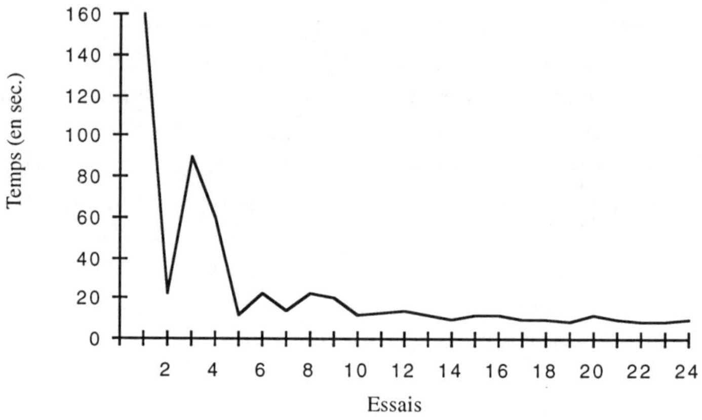

Figure 2.2. Courbe d'apprentissage

En renouvelant ces observations auprès de divers animaux (poulets, chiens, singes...) dans des cages variées, Thorndike obtient toujours les mêmes résultats : même si d'un animal à l'autre, d'une espèce à l'autre, des différences entre les animaux apparaissent (par exemple en matière de vitesse d'apprentissage), il n'en demeure pas moins que, dans tous les cas, s'observe une réduction progressive des mouvements inappropriés et des courbes d'apprentissage de même allure. La répétition de ces résultats a conduit Thorndike à formuler les deux premières et fondamentales lois de l'apprentissage. Quelles sont ces lois ?

D'abord, traînent dans la tête de Thorndike les principes de la philosophie empiriste associationniste dont nous avons parlé dans le chapitre sur les pionniers. Mais si l'idée d'association, ainsi que ses lois, sont utilisées par les philosophes pour rendre compte des faits internes de conscience et de leurs relations, elles sont ici récupérées pour rendre compte des phénomènes observés lors de l'apprentissage. Pour Thorndike, l'apprentissage est un processus associatif caractérisé par la formation de connexions entre deux éléments en contiguïté spatiale : un élément du milieu externe (le loquet) et un mouvement, une réponse de l'animal (la manipulation du loquet). Au cours des essais, ces connexions sont fixées, renforcées par la répétition, ou inversement affaiblies si l'on supprime les essais. C'est *la loi de l'exercice* qui rappelle la loi de la répétition des associationnistes. Cette connexion est également renforcée ou affaiblie par l'effet de ses conséquences : si une association élément du milieu-réponse est suivie par la réduction d'un besoin, par une récompense, cette connexion est consolidée ; si elle est suivie par une sanction négative, une punition, elle tend à disparaître. C'est *la loi de l'effet* que reprendront ultérieurement d'autres behavioristes. Au-delà de la description, Thorndike double l'énoncé de ces lois, notamment la loi de l'effet, d'une explication mentaliste puisqu'il admet que les conséquences affectives des actes (plaisir-douleur, satisfaction-désagrément) déterminent la force des connexions. Sur ce dernier point, Watson, au cours du développement de sa doctrine, en est venu à rejeter la loi de l'effet de Thorndike du fait des concepts mentalistes que comporte son énoncé.

3.2. La méthode du behaviorisme

On se souvient que Watson souhaite constituer une psychologie humaine scientifique répondant à deux critères : objectivité et applicabilité. Mettons-nous alors à la place de Watson en train de découvrir, à côté de la psychologie introspective, les travaux des zoopsychologues, ou en train de pratiquer lui-même l'expérimentation animale. Que pourrions-nous retenir de ces études animales par rapport à la psychologie de la vie mentale ? Au moins deux choses :

— la psychologie animale (fort heureusement pour elle !) se passe, au plan méthodologique, de l'introspection pour s'en tenir à l'observation de faits ou d'indices observables et mesurables de façon objective (réactions, temps), autrement dit elle emploie une méthode objective.

— en s'en tenant à ces observations et sans se demander ce qui se passe dans la tête de l'animal, elle parvient pourtant à produire des connaissances sous forme de lois. Ces lois permettent de prédire, donc de contrôler l'animal. Avec les lois de Thorndike, par exemple, si dans une situation d'observation on en vient à remplacer la nourriture par une décharge électrique lorsque l'animal appuie sur le loquet, on peut prédire que la connexion loquet-appui va disparaître, et contrôler ainsi le comportement de l'animal, l'amener à ne plus émettre certaines réactions.

Pourquoi, dès lors, ne pas utiliser, en psychologie humaine, la méthode de la psychologie animale — à savoir les méthodes objectives et expérimentales — pour élaborer des lois. Prenons un exemple fictif inspiré de Naville (*op. cit.*) pour faire comprendre et la méthode et son usage dans le cadre de la psychologie behavioriste. Observons un lecteur en train de parcourir un ouvrage sur l'histoire de la psychologie générale. Au bout de quelques pages, il bâille et se met à somnoler. Voilà donc des réactions comportementales connues et... non souhaitées, bien sûr, par les auteurs et l'éditeur de l'ouvrage, et peu propices à la formation de l'étudiant. Allons voir un psychologue behavioriste pour qu'il nous aide à modifier, sinon à faire disparaître ces réactions. Comment va-t-il procéder ?

Avant de modifier R, encore faut-il que le psychologue behavioriste identifie le stimulus déclencheur de ces réactions. Est-ce, par exemple, le contenu de l'ouvrage (S 1), le rapport O_2/CO_2 de l'air de la pièce (S 2), la température ambiante (S 3), le caractère trop confortable du fauteuil dans lequel il est assis (S 4) ? Pour parvenir à identifier le stimulus "responsable", le psychologue ne s'appuiera pas sur ses intimes convictions, il ne s'introspectera pas. Il procédera à des observations objectives organisées par le principe suivant : l'observateur manipule un facteur (un stimulus), autrement dit en modifie la valeur ; toutes choses (autres stimuli) égales par ailleurs, il observe ou enregistre les effets du facteur manipulé sur la réaction étudiée. Ceci constitue *le principe de la méthode expérimentale.*

Examinons la mise en œuvre de cette méthode. Par exemple, le psychologue regroupe des sujets dans un laboratoire et les invite à lire l'ouvrage évoqué ci-dessus. En maintenant constants les autres stimuli (température, confort des sièges), le psychologue décide de faire varier le stimulus S 2 (rapport O_2/CO_2) et d'enregistrer et de dénombrer les ouvertures de la bouche, leur durée. En saturant l'air en CO_2, il constate des bâillements (R). Puis il envoie de l'O_2 et il observe toujours R. Conclusion : puisque la variation de S 2 n'entraîne pas de variation de R, S 2 (le manque d'oxygène) n'est pas la cause de R.

Puis, le psychologue fait varier S 3 (la température de l'air), en maintenant les autres stimuli constants. Il augmente progressivement le chauffage de la pièce ; des bâillements sont observés et vont croissant. Ensuite il envoie progressivement de l'air froid ; les bâillements diminuent et disparaissent. Le psychologue constate donc une covariation entre deux phénomènes mesurables : lorsque S (température) varie, R (bâillement) varie. La température de l'air est donc le stimulus déclencheur du bâillement : plus l'air se réchauffe, plus les sujets bâillent et inversement.

Pour être assuré de sa conclusion, le psychologue renouvelle l'observation, répète les mesures dans des conditions différentes : on reprend la même expérience avec des sujets différents des précédents, on reproduit cette expérience en modifiant le support (lecture d'une bande dessinée), on duplique l'expérience avec un nouvel observateur. Si, dans ces différentes conditions, la même relation entre S et R apparaît, le psychologue s'est approché d'une loi S-R, c'est-à-dire d'une relation constante, stable, répétable entre un stimulus et un réponse. Il a construit une connaissance sur le comportement : la loi du bâillement.

Fort de ces résultats et de la loi, le psychologue behavioriste pourra dès lors dans une nouvelle situation comparable (salle de lecture, bibliothèque) prévoir, en mesurant la température de l'air, si les sujets vont bâiller ou non.

L'emploi de la méthode expérimentale, telle que nous venons de la décrire succinctement, est indissociablement lié à la définition comportementale de l'objet de la psychologie. C'est leur conjonction qui garantit le respect des critères d'objectivité et d'utilité que Watson assigne à la discipline. Bien que fictif, l'exemple ci-dessus illustre parfaitement le projet behavioriste : s'en tenir à l'établissement de relations stables et répétables entre deux classes de phénomènes objectivement observables et mesurables, en refusant toute hypothèse impliquant l'intervention de phénomènes intermédiaires (en particulier les phénomènes mentaux) dans le couplage stimulus-réponse. Si ce projet semble réducteur, il peut paraître suffisant pour remplir la fonction pragmatique de la psychologie : pour prévoir la réaction des organismes, il suffit d'identifier les stimuli déclencheurs. Mais l'ambition de Watson va plus loin ; elle est aussi de contrôler les phénomènes psychologiques, c'est-à-dire "d'induire chez un individu tel comportement par une technique psychologique appropriée" (1926 *in* Paicheler *op. cit.*, p. 299). L'objectif ici est donc de créer de nouvelles associations S-R, dans une visée d'intervention, de même que de nouvelles associations se créent au cours du développement et des apprentissages spontanés assurant la constitution d'habitudes complexes, telles que définies plus haut. Pour cela, il est nécessaire de disposer d'un principe explicatif de la construction du comportement, principe organisateur des procédures d'intervention dans le champ social. Ce principe emprunté par Watson à Pavlov sera développé ci-dessous.

4. La théorie behavioriste

4.1. Pavlov et son chien

A peu près à la même période où Thorndike enferme des chats dans des boîtes à problème, Yvan Petrovich Pavlov (1849-1936) en Russie fait écouter de la "musique" à des chiens. Mais pourquoi Pavlov fait-il cela ? Veut-il rendre les chiens mélomanes ? Que nenni.

Après des études de physiologie à l'Université de Saint-Pétersbourg et une thèse en médecine (1883), Pavlov centre ses recherches[6] sur les fonctions digestives étudiées dans des conditions normales. A cette fin, il conçoit des dispositifs permettant de recueillir et de mesurer les sécrétions des animaux expérimentaux. Pour ce qui nous intéresse, au cours de ses expériences, il constate des irrégularités dans le fonctionnement normal des glandes digestives : par exemple, le bruit des pas du garçon de laboratoire apportant leur repas aux chiens produit chez eux "une salivation précoce" avant même que la nourriture n'entre en contact avec les organes du goût. Ces faits, rapportés en 1897 dans un ouvrage intitulé *Le fonctionnement des glandes digestives*[7], conduisent Pavlov à s'interroger sur la formation de cette réaction qu'il appelait initialement "la salivation psychique". Dès 1900[8], il entreprend des expérimentations en développant des points de vue qui lui valurent de s'opposer, puis de se séparer, de son assistant Snarsky. Snarsky pensait que la salivation anticipée s'expliquait par des sentiments éprouvés par le chien.

Pavlov rejette ces analyses finalistes et subjectivo-anthropomorphiques : pour lui, un organisme (ici, le chien) dispose de réactions, appelées *réactions inconditionnelles* (RI), déclenchées de manière réflexe par certains excitants, appelés *stimuli inconditionnels* (SI). Le chien salive (RI) dès que la nourriture (SI) touche la muqueuse buccale. La salivation du chien en l'absence de stimulus inconditionnel (ici la nourriture) est due au fait que des stimuli initialement indépendants de la réponse se sont substitués au stimulus inconditionnel. On les appelle des stimuli neutres (SN) au sens où ils ne provoquent pas naturellement la réponse inconditionnelle (comme le bruit des pas du garçon de laboratoire dans le constat initial). La question est alors : comment se fait cette substitution ? Réponse : par conditionnement.

Le conditionnement est un procédé d'apprentissage qui consiste à faire précéder de façon répétée un stimulus inconditionnel par un stimulus neutre. Illustrons la procédure en reprenant l'étude expérimentale de Pavlov sur le conditionnement de la réaction salivaire du chien au son d'une clochette.

Prenons un chien bien portant et quelque peu affamé ; pratiquons une ouverture dans sa joue par laquelle pourront être recueillies, à des fins de mesure de la réponse inconditionnelle, les gouttes de salive de l'animal. Installons-le "confortablement" dans une pièce isolée.

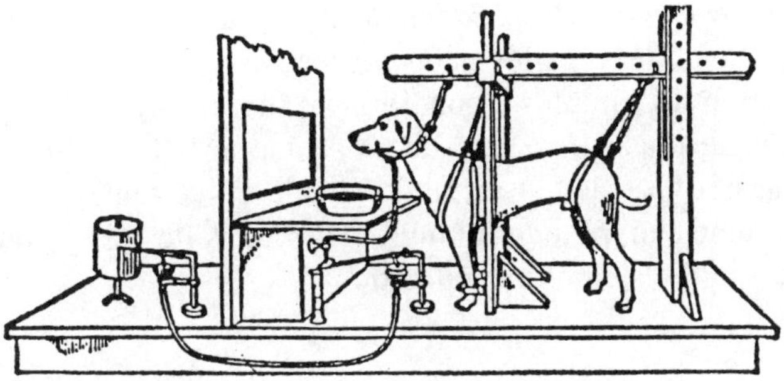

Figure 2.3. Schéma du dispositif de conditionnement pavlovien[9]

Phase de contrôle : Assurons-nous que chez le chien, la réaction inconditionnelle (salivation) est automatiquement déclenchée par le stimulus inconditionnel (nourriture placée à l'aide d'un tube dans la bouche).

SI————> RI

Faisons-lui entendre le son mélodieux d'une clochette (d'un métronome) et contrôlons que si ce stimulus provoque certaines réactions (par exemple une réaction exploratoire comme dresser les oreilles), il est par contre neutre, il ne produit pas la réaction inconditionnelle (salivation).

SN *Pas de RI*

Phase expérimentale d'application de la procédure de conditionnement :

— on présente le stimulus neutre (son) suivi, après un bref délai, par l'administration du stimulus inconditionnel (nourriture)

— on répète plusieurs fois cette présentation SN —- SI, et, à chaque essai, on mesure la réaction inconditionnelle ou certaines de ses caractéristiques comme l'amplitude (nombre de gouttes de salive) ou la latence (délai entre son de la cloche et salivation).

SN *SI————>RI*

— constat : lors des premiers essais, la RI succède au SI, mais au bout de quelque temps, elle se produit juste après le son et avant la viande.

— poursuivons la procédure et présentons maintenant le stimulus neutre seul, sans le faire suivre par le stimulus inconditionnel. On constate alors que le chien produit la réaction salivaire.

SN————————->RI

Le conditionnement est donc établi : la réponse salivaire a été conditionnée au son de la clochette. Cette réaction inconditionnelle salivaire est maintenant appelée *réaction conditionnée* (RC). Le stimulus neutre s'est substitué au stimulus inconditionnel ; il est devenu capable à lui seul d'engendrer la réponse. Ce stimulus neutre est devenu un *stimulus conditionnel* (SC).

En conclusion, pour Pavlov, inutile d'invoquer quelques états subjectifs mystérieux chez le chien pour expliquer la salivation psychique. La liaison conditionnelle entre le stimulus neutre et la réponse est purement et simplement le produit d'un conditionnement. Celui-ci consiste en un processus associatif : c'est par la répétition de son association spatio-temporelle avec un stimulus inconditionnel qu'un stimulus neutre acquiert le pouvoir de se substituer à lui et de déclencher la réaction de l'organisme.

Jusqu'à sa mort, Pavlov a poursuivi ses études sur le conditionnement, études synthétisées dans deux ouvrages *Vingt années d'études objectives de l'activité nerveuse supérieure (comportement) chez les animaux* (1923) et *Lectures sur les réflexes conditionnés* (1926). Au cours de ces travaux, il a établi un ensemble de lois du conditionnement et proposé des explications physiologiques du réflexe conditionné (voir *"Pour en savoir plus 2.a"*). Dans les dix dernières années de sa vie, Pavlov s'est intéressé aux problèmes psychiatriques. Cet intérêt s'est développé à partir d'études sur la névrose expérimentale chez l'animal entamées en 1914. Il est possible de créer un comportement extrêmement perturbé chez l'animal en le soumettant à un apprentissage de stimuli très difficilement discriminables. Par exemple, dans l'étude de 1914, on apprend à un chien à saliver lorsqu'on lui présente un cercle, selon la procédure classique du conditionnement (présentation cercle-nourriture). Puis une ellipse, bien distincte du cercle, est présentée sans renforcement. Les jours suivants, la forme de l'ellipse présentée se rapproche progressivement du cercle jusqu'à ce que l'animal ne parvienne plus à discriminer les deux stimuli. Après plusieurs semaines de ce régime, le chien manifeste brusquement tous les symptômes d'une névrose : alors qu'il avait jusque-là un comportement calme, le chien s'agite, aboie, tente de se débarrasser du dispositif expérimental et manifeste des signes d'agitation dès qu'il rentre dans la salle du laboratoire.

POUR EN SAVOIR PLUS 2.a

Principales lois du conditionnement

a - Lois de la formation de la liaison conditionnelle (SN-R) :

• Loi de la contiguïté temporelle SN-SI : le réflexe conditionné ne se forme que si SN et SI ne sont séparés, dans le temps, que par un bref délai. Pour différentes réactions, on a ainsi établi le délai optimum permettant l'établissement le plus rapide de la RC. De plus, la RC ne se forme que si SN précède SI.

• Loi de la répétition de l'association SN-SI : en général, plusieurs répétitions sont nécessaires, sauf chez l'homme, pour produire le conditionnement.

b - Loi de l'extinction : si, une fois que la RC a été formée, le SC est présenté seul, sans l'associer de temps en temps au SI, la RC diminue, puis disparaît (extinction).

Nota. Cette loi d'extinction et la loi de contiguïté montrent que le SI est un agent renforçateur dont la présence est nécessaire pour établir et augmenter la force du lien SN-RI. De plus, cet effet est indissociable de l'état de l'organisme : le conditionnement est plus rapide si l'animal est affamé.

c - Loi de la généralisation : si, après conditionnement, on remplace le stimulus conditionnel par un stimulus proche (variations de S), alors la réponse conditionnelle apparaît toujours : elle s'est généralisée à d'autres stimuli. Par exemple, pour un homme conditionné à saliver à un son de cloche, si on remplace le stimulus sonore par un stimulus verbal (le mot cloche), la RC se produit également.

Modèle du conditionnement

Pavlov a tenté d'expliquer les faits et lois du conditionnement, d'en proposer un modèle théorique. En tant que physiologiste, et en utilisant les connaissances de son époque sur le cortex cérébral et le fonctionnement du cerveau, Pavlov a tenté d'imaginer les processus neurologiques responsables de la formation d'une réponse conditionnée. En deux mots, son hypothèse explicative admet qu'à tout réflexe S-R correspond, à la naissance, un chemin neuronal. De nouvelles relations conditionnées S-R résultent d'un processus de frayage par lequel, au niveau du cortex, s'établit une voie de communication neuronale entre le centre excité par le SN et la région excitée par le SI. Lorsque cette voie est établie, le réflexe conditionné apparaît. La généralisation d'un réflexe conditionné est expliquée par la proximité cérébrale de stimuli similaires et par le fait qu'un stimulus conditionné, doté de propriétés excitatrices, "transmet" cette excitation aux zones célébrales voisines. On notera cependant que ces explications restent spéculatives, n'ayant pas donné lieu à des travaux expérimentaux.

4.2. Du réflexe conditionné canin aux acquisitions et habitudes humaines

Dès 1914, Watson prend connaissance des travaux empiriques et des propositions théoriques de Pavlov et des recherches de Bechterev sur le réflexe conditionné moteur chez l'homme. Concernant l'explication neurophysiologique du conditionnement, Watson n'y prête guère attention. Objectivité oblige, on se souvient que, pour Watson, un psychologue behavioriste n'a pas à s'embarrasser d'une recherche de causes hypothétiques et cachées productrices des phénomènes. Ceci est vrai tant pour les explications mentalistes que pour les explications physiologiques. Le behaviorisme décrit et établit des lois empiriques, les lois S-R, un point c'est tout.

En revanche, et comme il le dit lui-même, ce sont les études expérimentales du conditionnement qui lui fournissent la clé de l'analyse des apprentissages humains. Dit autrement, si pour Pavlov, le conditionnement n'est qu'un moyen méthodologique pour étudier les mécanismes nerveux, pour Watson, le réflexe conditionné, la substitution d'un stimulus neutre à un stimulus inconditionnel est le schéma de base permettant de rendre compte de toute acquisition simple ou complexe chez l'homme. Le conditionnement est le prototype de tout apprentissage (Watson, 1916).

Impossible de rentrer dans le détail des thèses des travaux de Watson et des behavioristes qui, sous le principe du réflexe conditionné, se sont intéressés au développement et à l'apprentissage des comportements chez l'être humain. On soulignera, à titre d'illustration, trois niveaux d'analyse de l'apprentissage inspirés par le conditionnement : pour une même réponse, la substitution de stimuli ; pour un même stimulus, la substitution de réponses ; la création d'habitudes complexes. Ce schéma d'explication du développement comportemental s'applique aux trois systèmes de réponses distingués par Watson : les réponses viscérales, musculaires et laryngées (voir section 2.2.).

Pour Watson, le principe du conditionnement et de la substitution d'un stimulus neutre à un stimulus inconditionnel (S-S) rend compte de l'enrichissement du champ des stimuli déclencheurs d'une réponse donnée au cours du développement et de l'apprentissage. Prenons l'exemple d'une expérience réalisée par Watson et Rayner (1920) que nous appellerons l'histoire du pauvre petit Albert.

Il était une fois un enfant de 11 mois bien portant prénommé Albert. Curieux de tout, il manipulait tout objet à sa portée, objets animés (rat blanc, lapin,...) ou inanimés (cubes, masque de Père Noël), sans manifester la moindre réaction de crainte. En revanche, petit Albert avait "un problème" : il manifestait une forte réaction de peur au bruit produit par une barre de fer qu'on faisait tomber sur...(non, n'exagérons rien) derrière sa tête. Après ces observations préliminaires, Watson et Rayner frappaient la barre de fer dès que petit Albert saisissait le rat blanc. Ceci provoquait chez l'enfant un sursaut violent, des pleurs, des mouvements de la tête en avant. Après plusieurs présentations conjointes du rat et du bruit, la seule vue du rat a déclenché la peur chez notre malheureux petit Albert. Il avait la phobie des rats blancs. Cinq jours après cette acquisition, on place successivement sur la table : (1) les cubes de jeu habituels de l'enfant ; il joue avec, comme à l'ordinaire. (2) Le rat blanc ; petit Albert pleure. (3) A nouveau les cubes, il s'amuse avec. (4) A nouveau le rat blanc, et la peur. (5) A nouveau, les cubes avec lesquels il joue. (6) Un lapin, petit Albert a la même réaction qu'avec le rat. (7) Les cubes ; après quelques hésitations l'enfant s'amuse. (8) Un chien qui provoque chez Albert des mouvements de recul, mais sans cris. Sont ainsi testés successivement, un vêtement en fourrure, un paquet ouvert de coton, les cheveux de Watson, le masque du Père Noël. Petit Albert refuse de manipuler ces objets.

L'histoire ne nous dit pas quelle fut la réaction du rat blanc au bruit de la barre de fer. En revanche, la petite histoire nous apprend que l'expérience fut interrompue, lorsque la mère du petit Albert, pour des raisons inconnues, retira son enfant de la nurserie.

ENTRAINEZ-VOUS

Au terme de la présentation de cette histoire édifiante, faisons un exercice d'application de la thèse de Watson. Essayez de répondre aux questions suivantes :

a - Quelle est la nature de l'acquisition réalisée par petit Albert ?

b - Quelle procédure est utilisée par Watson et Rayner pour obtenir cette nouvelle acquisition ? Faites un schéma représentant les étapes de cette procédure.

c - Pourquoi les expérimentateurs présentent-ils divers objets à petit Albert ?

Avant de poursuivre la lecture, vérifiez vos réponses à la fin du chapitre (p. 100).

Les émotions, ou plutôt les réactions émotionnelles, sont donc pour Watson d'origine conditionnée : sur la base de relations comportementales primaires se créent, par conditionnement, de nouvelles organisations S-R. Par son association répétée avec le stimulus inconditionnel, un nouveau stimulus se substitue à lui et déclenche une réponse donnée. Ce schéma s'applique de la même façon aux stimuli verbaux. Par exemple, on présente plusieurs fois le biberon au bébé en prononçant simultanément le mot "bibi". Par substitution, l'enfant en vient à manifester les mêmes réactions motrices à l'audition du mot "bibi" qu'à la vue du biberon. Pour Watson, l'enfant a donc compris la signification du mot puisqu'il réagit de la même manière au mot et à l'objet.

Le principe du conditionnement rend compte également de la superposition, puis de la substitution au cours de développement de réponses de type Y à des réponses de type X (R-R).

Prenons à nouveau une observation de Watson rapportée par Naville (*op. cit.*, p. 254). "Une boîte dans laquelle l'enfant garde ses jouets sert de stimulus auquel il répond en l'ouvrant et en la fermant, et en y plaçant des objets. L'assistant, observant qu'il réagit à la boîte avec ses mains et ses doigts, commence, à l'âge convenable, à dire 'boîte' lorsque l'enfant tient la boîte, 'boîte ouverte' lorsque l'enfant l'ouvre (...). La boîte qui, devant lui, n'appelait au début que des habitudes corporelles, commence maintenant à susciter des habitudes verbales. Il (l'enfant) dit 'boîte' lorsqu'il la saisit, 'boîte ouverte' lorsqu'il l'ouvre. La vue de la boîte devient maintenant un stimulus capable d'entraîner les actes corporels ou les actes verbaux ou les deux."

Par ce procédé, se forment chez l'enfant en âge de parler, en plus des habitudes corporelles, des habitudes verbales consistant en l'acquisition de mots :

vue de la boîte (S) ——> réponse des muscles des bras (Rx)

vue de la boîte (S) ——> réponse des muscles du larynx (Ry) = mot

Ultérieurement, lorsque le stimulus visuel (boîte) n'est pas accessible, l'enfant émettra une réaction verbale.

Cet exemple montre que pour Watson :

— les habitudes manuelles ou corporelles de l'enfant servent de base à l'acquisition d'autres habitudes et réponses, ici verbales ;

— c'est par l'association répétée dans le milieu d'un signe conventionnel (mot) et d'une action sur l'objet désigné par le mot qu'une nouvelle habitude (réponse verbale) se crée et devient capable de se substituer à l'habitude corporelle antérieure[10].

Dans cette conception du développement, le milieu occupe une place centrale. Celui-ci, notamment à travers le rôle des parents et éducateurs, permet la formation des habitudes — ici la formation du répertoire verbal — par un travail de conditionnement.

Pour Watson enfin, le réflexe conditionné est aussi l'unité de base de la formation d'habitudes complexes. Une habitude complexe (comme jouer du piano, taper à la machine, réciter une poésie) est un ensemble intégré de réponses qui, une fois formé, se reproduit plus rapidement et économiquement lorsque le stimulus ou l'ensemble des stimuli déclencheur se présente à nouveau. Comment Watson articule-t-il réflexe conditionné et habitudes complexes ? Pour lui, "les rapports entre les cas simples du réflexe conditionné partiel et les réponses habituelles plus compliquées (...) paraît assez simple : ce sont les rapports de la partie au tout, c'est-à-dire que le réflexe conditionné est l'unité dont la multiplication constitue l'ensemble d'une habitude" (Watson, *in* Naville, *op. cit.*, p. 225). On retrouve ici une approche analytique, moléculaire du complexe : une habitude est décomposable en éléments, en relations S-R partielles.

Mais comment ces différents éléments se combinent-ils et s'intègrent-ils pour former une habitude ? Quel est le processus d'apprentissage ? Prenons l'exemple de la formation d'une habitude manuelle comme apprendre à jouer une mélodie au piano (*cf.* Naville, p. 299).

Dans un premier temps, on apprend à associer à chaque note (stimulus visuel) de la partition une réponse manuelle (taper sur la touche correspondante du piano).

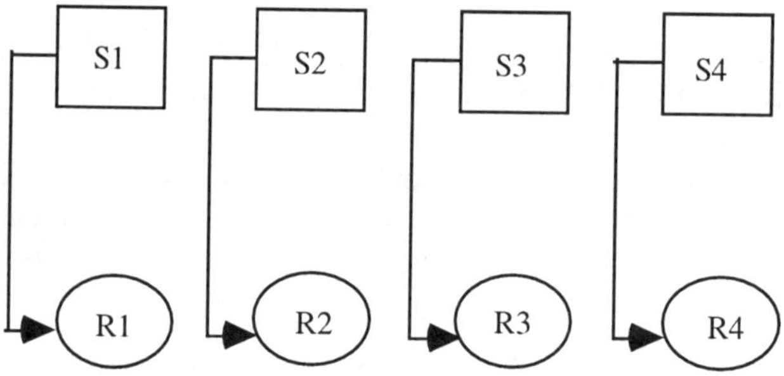

Puis, en fin d'apprentissage, la vue du seul stimulus S1 suffit à lui seul à déclencher l'ensemble des réponses : une habitude s'est formée. Comment cela est-il possible ? Avec la répétition, la réponse R1 à S1 devient le stimulus du mouvement suivant R2...

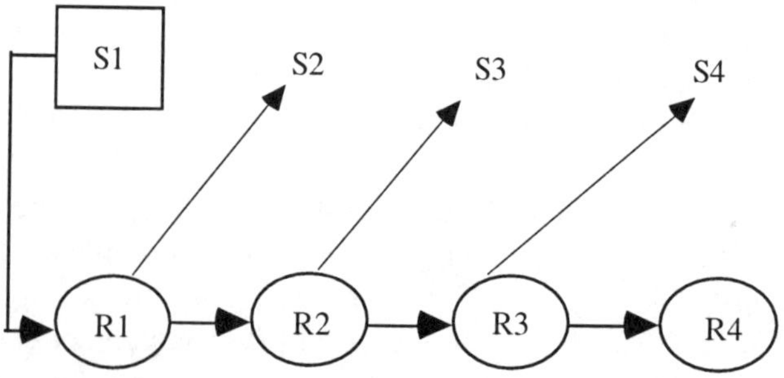

Réponse substituée de S

Donc, le processus de formation d'une habitude manuelle comprend :

— une phase initiale où chaque réponse manuelle partielle est déclenchée, contrôlée par les stimuli externes (notons encore une fois ici, en reprenant l'exemple de la mélodie, le rôle déterminant du milieu qui impose un ordre à l'organisation du comportement manuel) ;

— après répétition, exercice, les stimuli externes ne deviennent plus nécessaires. Dès que le stimulus initial se présente, une réponse totale se déroule grâce au contrôle kinesthésique. Au sein de la réponse totale, chaque mouvement d'un muscle ou réaction a acquis un double statut, celui de réponse à un stimulus antérieur et de stimulus pour une réaction consécutive (idée de chaînes associatives S-R).

Ce processus d'apprentissage d'une habitude manuelle sert de modèle pour l'apprentissage de toute autre habitude, en particulier pour l'acquisition des habitudes verbales explicites (le langage). Lorsque le langage extériorisé (le parler) est acquis, son intériorisation (le penser) s'opère par pression du milieu social. “Le jeune enfant pense tout haut, il parle, qu'il ait ou non des auditeurs. (...) Ce bavardage fait d'abord la joie des parents, heureux d'avoir donné le jour à un enfant normal, ni idiot, ni muet. Puis il devient fatigant. Alors, on dit à l'enfant : ‘Fais un peu moins de bruit’. L'enfant parle encore, mais c'est entre ces dents : il marmonne. Ce murmure suffit cependant à troubler le cours paisible de notre vie : ‘Tu ne peux pas cesser de marmonner ?’ Nous n'entendons plus rien : l'enfant murmure en silence. Mais nous voyons des mouvements des lèvres. Nous poussons la socialisation de l'enfant encore plus loin : ‘Ne fais donc pas de mouvements des lèvres quand tu lis ou quand tu réfléchis’. Alors l'enfant continue tout de même à parler, mais maintenant il parle strictement pour lui-même. La verbalisation est devenue intérieure”. (Watson *in* Tilquin, *op. cit.*, p. 170). L'enfant pense.

La conception de la formation des habitudes permet également d'avoir une idée de ce qu'est la mémoire pour un behavioriste watsonien. La mémoire y est loin d'être vue comme un processus mental. C'est simplement la rétention d'habitudes manuelles et verbales, c'est-à-dire d'une chaîne d'associations acquises sous l'effet de la répétition. Par exemple, en fin d'acquisition, la seule vue du mot ou la seule prononciation du mot “la cigale” déclenche mécaniquement la prononciation du mot “ayant” qui sert à son tour de stimulus pour la réponse laryngée “chanté”, etc.

Pour clore cette section, résumons la conviction de Watson et examinons ses conséquences appliquées. Les hommes naissent égaux, ils ont à la naissance le même équipement sensori-moteur. Ce sont les différences de milieu physique et social qui façonnent les hommes différemment et produisent des personnalités singulières. Par personnalité, au sens behavioriste du terme, il faut entendre “la somme des habitudes viscérales, manuelles et verbales, le total des conditionnements” de l’individu à un moment de sa vie. Le rôle exclusif accordé au milieu est rendu possible par la généralisation du principe de conditionnement animal à l’ensemble des activités humaines, y compris les plus spécifiques comme le langage. Cette position pourrait paraître pessimiste (on est ce que le milieu nous a fait), mais pour un behavioriste watsonien, elle ouvre au contraire des perspectives d’application pratiques essentielles, en matière d’éducation et de thérapie. Puisque tout est le fruit d’un conditionnement, il est possible de modeler l’individu, notamment l’enfant, en organisant le milieu de façon à faire acquérir des habitudes conformes aux attentes de la société. De nombreux écrits de Watson formulent des propositions behavioristes concernant l’éducation scientifique des enfants qui se diffusèrent dans la société[11]. Dans le souci d’éviter la formation de mauvaises habitudes, il était recommandé de limiter les contacts physiques avec le bébé, de s’astreindre à des horaires stricts... Dans le souci de développer une personnalité équilibrée, Watson recommandait un programme d’éducation comportant un entraînement à la verbalisation des réactions intra-organiques viscérales et sexuelles. Les effets de l’application de ces principes sur ses propres enfants tels que les rapporte Paicheler (1992) laissent sceptiques quand à leur efficacité. De même que le psychologue behavioriste peut modeler le comportement, il peut également modifier un comportement non souhaité par déconditionnement-reconditionnement. Illustrons cette visée par un exemple extravagant de Watson à propos des maladies mentales (cité *in* Naville, *op. cit.*, p. 339 et suivantes). “Supposons que j’éduque un chien de telle sorte qu’il évite la belle viande mais se précipite sur le poisson pourri (ce cas s’est présenté). Je lui apprends (par des chocs électriques) à ne pas aller flairer les chiennes à plus de 10 pieds (J. B. Morgan a réussi une expérience de ce genre chez les rats). Puis j’en fais un homosexuel en le laissant jouer avec de petits chiens et en le punissant s’il monte des femelles (F. A. Moss a obtenu des effets semblables chez les rats. (...). Il salive constamment (parce que j’ai conditionné sa salivation), ce qui trouble sa digestion. Je le conduis alors chez un psychopathologiste des chiens (*dog psychopathologist*). (...) Le chien, prétend le psychopathologiste, est malade mentalement, véritablement fou (...) et il faut l’enfermer dans un asile de chiens fous, sinon, il sautera sans hésiter du 10e étage ou se jettera dans le feu. Je réponds au psychopathologiste qu’il ne comprend rien à mon chien, et qu’étant donné le milieu dans lequel il a été élevé (la façon dont je l’ai éduqué) c’est le chien le plus normal du monde. (...) ‘Puisque vous l’avez arrangé comme cela, soignez-le vous-même’. (...)

J'entreprends sa rééducation. Je me sers des méthodes des behavioristes. je le déconditionne, puis le reconditionne".

Prolongeant les travaux de Watson sur le conditionnement, Jones, dans un article de 1924 considéré comme le premier compte rendu d'une expérience de thérapie comportementale, a utilisé la technique du déconditionnement pour traiter des phobies d'animaux chez des enfants de 3 mois à 7 ans. Malheureusement pour lui, petit Albert ne faisait pas partie de l'échantillon.

5. Le conditionnement opérant : Skinner

Parmi la descendance plus ou moins affichée de Watson, certains élèves vont se distancier du behaviorisme radical watsonien, notamment Hull (§ 6) et Tolman (chapitre III). D'autres, plus rares, seront des fidèles. C'est le cas notamment de Burrhus Frederic Skinner (1904-1990).

Né le 20 mars 1904 en Pennsylvanie, Skinner a fait des études de médecine et de psychologie à l'Université de Harvard. Professeur de psychologie expérimentale à Harvard, il est l'auteur de nombreux ouvrages scientifiques, depuis *The behavior of organisms : an experimental analysis* (1938), jusqu'à *Recents issues in the analysis of behavior* (1989). Parmi ses ouvrages accessibles en langue française, citons *La révolution scientifique de l'enseignement* (1968) et *L'analyse expérimentale du comportement* (1969).

Loin de tuer le père spirituel, Skinner a prolongé les perspectives de Watson tant au plan fondamental qu'appliqué. Au plan fondamental, Skinner a complété le schéma S-R du comportement et proposé un principe général de l'apprentissage, dit du conditionnement opérant. Au plan appliqué, il a développé, en poursuivant les propositions watsonniennes, des techniques comportementales dans le domaine de l'éducation et de la psychothérapie.

5.1. Aspects fondamentaux du behaviorisme skinnérien

Au plan de la démarche scientifique, Skinner est, au même titre que Watson, un ardent défenseur de l'objectivité et du positivisme. Behavioriste radical, il rejette toute théorie explicative du comportement. Cette position est clairement explicitée dans l'avant-propos et la dernière partie de son ouvrage *L'analyse expérimentale du comportement* dans lequel il compare les "faiseurs d'hypothèses" à des personnes douées de perception extra-sensorielle dont les prédictions correctes restent rares ou banales. Pas plus du faiseur d'hypothèse que de l'extra-lucide, il ne comprend ou ne partage la démarche : deviner une carte (c'est-à-dire faire une prédiction), puis retourner la carte pour voir, ou élaborer une hypothèse psychologique, enfin la mettre à vérification par une observation, tout cela est inutile ; dans les deux cas, la connaissance peut être obtenue par une simple observation directe.

Skinner ne nie pas l'existence d'états internes (mentaux ou physiologiques), mais il ne leur accorde aucune utilité fonctionnelle dans la détermination et le contrôle des comportements. Pour lui, les états internes peuvent être considérés comme des courroies de transmission entre les stimuli et les réponses et, en aucune façon, ils ne peuvent modifier la relation S-R. Il est donc contre-productif de consacrer du temps à leur étude.

Si Skinner et Watson partagent une même position épistémologique, en revanche, Skinner a critiqué et corrigé la conception watsonnienne des comportements (schéma S-R) et de leur acquisition (apprentissage par conditionnement classique). Pour lui, cette conception est insuffisante car elle ne rend pas compte d'un certain nombre d'observations : parfois, des stimuli connus ne provoquent aucune réaction, ou inversement, des réponses apparaissent sans qu'il soit possible d'identifier les stimuli déclencheurs. Autrement dit, les études S-R ne rendent pas toujours compte de la probabilité d'apparition (ou d'acquisition) d'une réponse. D'où la critique faite par Skinner au schéma S-R : "La formulation du comportement en termes S-R pèche par une grave omission... Aucune description des relations entre l'organisme et son milieu n'est complète si elle n'inclut pas l'action du milieu sur l'organisme après qu'une réponse a été produite" (1971, p. 20). Il est nécessaire, dans l'analyse des comportements et de leur acquisition, de prendre en compte les effets, sur l'organisme, des conséquences d'une action. Le problème à traiter est alors le suivant : comment quelque chose qui suit le comportement peut-il avoir un effet sur lui ? Une première réponse consiste à élaborer une explication finaliste : puisque les effets suivent la réponse, on peut être tenté d'attribuer au comportement un but, une intention, soit dire que le sujet connaissait l'utilité de son action. Ceci revient à expliquer ce que fait l'homme par des événements (buts, fins, connaissances) qui se déroulent dans sa tête. Quelle hérésie pour un behavioriste radical ! La seconde réponse qu'adoptera Skinner est inspirée par les travaux expérimentaux sur l'apprentissage de Thorndike et en particulier par la loi de l'effet. A relire le passage consacré à Thorndike, le lecteur peut facilement constater que le comportement est déterminé non seulement par des stimuli antécédents, mais aussi par les événements conséquents qu'il procure.

Pour étudier systématiquement le rôle des conséquences externes des actions sur l'élaboration comportementale, Skinner a inventé un dispositif expérimental de base à la fois plus simple et plus sophistiqué que celui de Thorndike permettant notamment de réduire l'intervention humaine, donc le risque de variables parasites. Ce dispositif standard est constitué d'une cage dans laquelle un animal (rat, pigeon) affamé est enfermé. La cage ou boîte de Skinner comprend un levier ou une clé (pastille) ; l'appui sur celui-ci déclenche un mécanisme distributeur de nourriture. La cage est également dotée d'un dispositif automatique enregistrant les actions de l'animal.

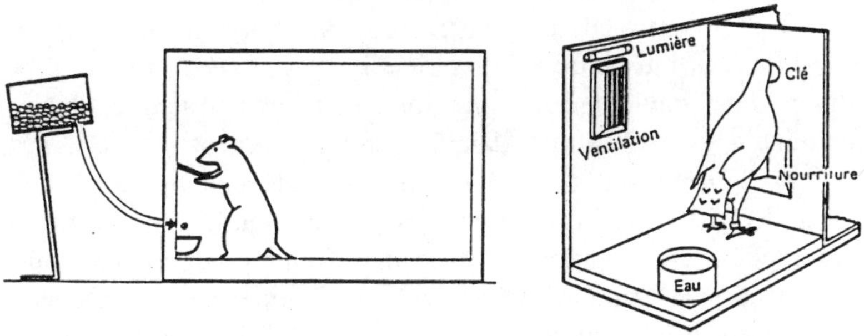

Figure 2.4. Exemples de dispositif de conditionnement skinnérien[12]

Ce dispositif opérationnalise le modèle skinnérien du comportement. Ce modèle comporte trois composantes dont l'ensemble des relations est appelé "contingences de renforcement".

— *Le (ou les) stimuli discriminatif(s)* : ceux-ci n'ont pas, à la différence des stimuli watsoniens, le pouvoir de déclencher à eux seuls une action. Ils interviennent à titre de condition ou de signal précédant l'émission de l'action. Dans le dispositif standard, le stimulus est le levier ou la clé.

— *La réponse, appelée réponse opérante (RO)* : elle n'est pas seulement une réaction au stimulus, mais un moyen d'obtenir une sanction positive ou d'éviter une sanction négative. Dans le dispositif, l'appui du levier ou le coup de bec sur la pastille constitue la réponse.

— *Les conséquences des actions ou stimuli (agents) renforçateurs (AR)* : dans le dispositif, l'agent renforçateur est la nourriture. Les agents renforçateurs ont le pouvoir de déterminer la fréquence ou la probabilité d'établissement d'une relation S-R au cours de l'apprentissage. Un renforçateur positif (comme la nourriture) a un effet de renforcement de la réponse opérante et inversement pour un renforçateur négatif (comme un choc électrique).

Cette forme d'apprentissage développée par Skinner appartient à la classe dite "apprentissage instrumental" (selon Hilgard et Marquis, 1940). On peut ranger également dans cette classe d'apprentissage les dispositifs de type boîte de Thorndike, labyrinthes de Small. Le qualificatif "instrumental" vient du fait que dans ces apprentissages l'obtention d'une récompense (renforcement positif) ou l'évitement d'une punition (renforcement négatif) dépend de ce que fait le sujet, de sa réponse. Celle-ci "est l'instrument dont dispose le sujet pour exercer une influence sur la suite des événements et il doit apprendre à l'utiliser" (Reuchlin, 1977, p. 136). Pour sa part, Skinner préféra parler de "*conditionnement opérant*" pour caractériser sa procédure car le terme instrumental lui paraît ambigu ; en effet, il peut évoquer l'utilisation d'un outil ou d'un instrument par l'organisme (on trouvera également dans la littérature les qualificatifs de skinnérien ou de Type II). Conditionnement pavlovien et conditionnement skinnerien se distinguent essentiellement par le fait que, dans le conditionnement classique, l'agent renforçateur (SI), ou plutôt son obtention, est indépendante de l'action de l'organisme. C'est l'expérimentateur qui met la viande dans la gueule du chien. La réponse de salivation n'est pas un moyen d'obtenir la récompense ; c'est une réaction au stimulus. C'est pourquoi Skinner propose d'appeler ce conditionnement le "*conditionnement répondant*". Dans le conditionnement skinnerien, l'agent renforçateur est dépendant de l'action de l'organisme ; c'est par sa réponse que l'animal obtient sa nourriture.

Sous ce schéma d'analyse et en adaptant le dispositif standard, Skinner a étudié l'apprentissage de différents types de comportement. A titre d'exemple, signalons :

— le renforcement "standard" où l'animal actionne l'élément du dispositif et obtient de la nourriture ;

— la discrimination du stimulus où l'animal apprend à émettre la réponse (appui sur le levier) en présence d'un signal donné (une lampe allumée) ;

— la différenciation de la réponse où la nourriture n'est octroyée que si l'animal fournit une réponse d'une certaine intensité (force d'appui sur le levier) ;

— la chaîne d'opérants où l'obtention de nourriture est sous le contrôle d'une série de stimuli (un coup de bec sur un disque éclairé en vert fait passer la couleur au rouge, puis un coup de bec sur le disque rouge délivre la nourriture).

En outre, les réponses peuvent être modelées par des programmes de renforcement qui fixent les probabilités d'attribution de l'agent renforçateur. Skinner a défini plusieurs programmes dont le lecteur trouvera une présentation partielle dans *"Pour en savoir plus 2.b"* et plus exhaustive dans Richelle (1966).

POUR EN SAVOIR PLUS 2.b

Exemples de programmes de renforcement

Renforcement continu : chaque réponse est suivie du renforcement ;
Programme à proportion constante ou fixe : un renforcement est délivré après un nombre donné de réponses et toujours le même nombre au cours de l'apprentissage ;
Programme de renforcement à proportion variable : le même que le précédent, sauf que le nombre de réponses nécessaires varie en cours d'apprentissage autour d'une valeur centrale ;
Programme à intervalle fixe : un renforcement est délivré après un délai déterminé entre deux réponses.

Exemple de résultats pour un programme à intervalle fixe de 2 mn chez le rat

On comptabilise le nombre d'appuis sur le levier par tranche de 15 secondes dans chaque intervalle de 2 mn. L'histogramme de gauche montre la fréquence des réponses en début de conditionnement, celui de droite montre les réponses en fin d'apprentissage (Richelle, *op. cit.*, p. 74)

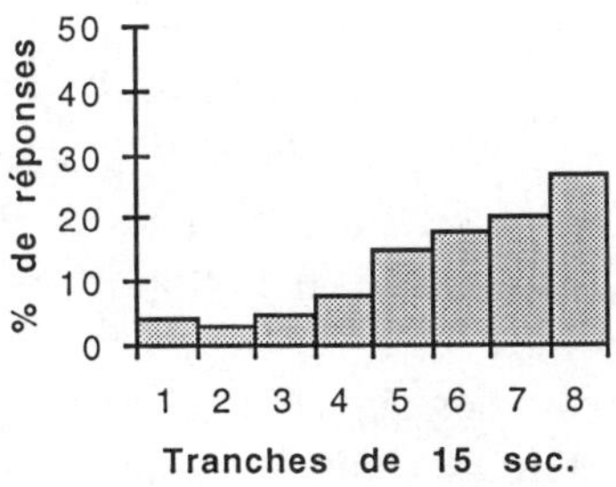

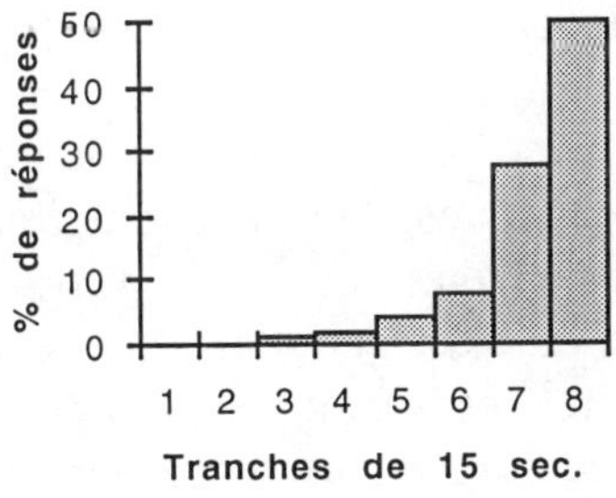

La procédure expérimentale de conditionnement opérant a permis de réaliser des apprentissages complexes chez diverses espèces animales (apprentissages de discrimination de figures géométriques, de couleurs, et même des touches d'un piano miniature chez le pigeon), mais aussi chez l'homme enfant ou adulte, normal ou déficient. Elle a permis également d'établir les lois du conditionnement opérant, proches de celles du conditionnement classique.

En résumé, dans la conception skinnérienne, l'acquisition de nouveaux comportements est sous la dépendance des contingences de renforcement, c'est-à-dire de la conjonction d'un *stimulus*, d'une *réponse* et d'un *agent renforçateur*. Pour Skinner, cette conception permet d'expliquer que certains stimuli et non pas d'autres acquièrent le pouvoir de contrôler le comportement. Si une telle conception a été testée dans des situations expérimentales où le chercheur détermine, à travers les programmes, les conditions de l'apprentissage, elle est supposée rendre compte de la variabilité des comportements humains, y compris verbaux[13], par l'histoire des contingences de renforcement des sujets.

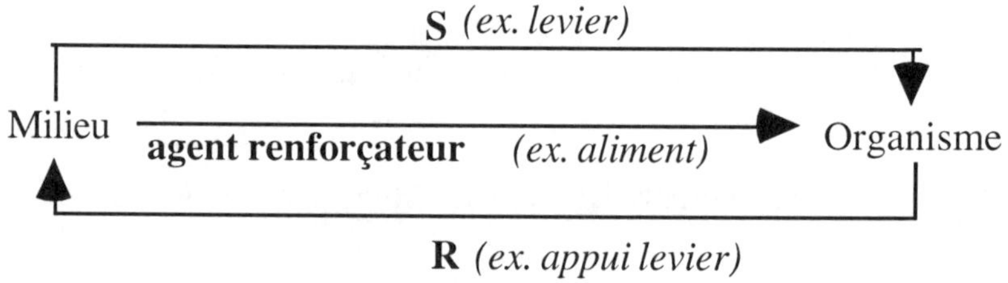

5.2. Aspects appliqués du behaviorisme skinnérien

Des applications du conditionnement opérant ont été développées par Skinner notamment dans le domaine de l'éducation et de la thérapie. Il a également évoqué d'autres applications possibles de sa conception au domaine de l'économie et du travail, sans cependant élaborer de véritables programmes. On peut toutefois être frappé par la communauté d'idées entre l'Organisation Scientifique du Travail (OST) de Taylor et l'affirmation de Skinner selon laquelle "les contingences fondées sur le comptage des réponses sont généralement plus favorables que celles dans lesquelles les renforcements sont espacés dans le temps. Dans le travail à la pièce l'ouvrier est payé pour chaque pièce produite. C'est ce que nous appelons au laboratoire un programme à proportion constante, et nous savons qu'il engendre un niveau d'activité très élevé" (1971, p. 37).

Concernant l'éducation et les acquisitions chez l'homme, Skinner, fidèle à sa conception, pense que toute théorie conduisant à invoquer des activités internes soit physiologiques soit cognitives ne peut fournir à l'éducateur des informations précises et pratiques sur ce qu'il doit faire. Il considère en revanche que les progrès réalisés dans la connaissance des contingences de renforcement doivent permettre de réduire les difficultés de l'éducation traditionnelle. Dans la mesure où pour Skinner (1969, p. 237) "connaître quelque chose, c'est simplement agir d'une certaine manière", le but de l'enseignement est de susciter chez l'élève des formes nouvelles de comportement. Dès lors, "enseigner n'est rien d'autre qu'arranger les conditions de renforcement dans lesquelles les élèves apprendront (....) de façon à accélérer l'apparition des comportements qui sans cela ne seraient que lentement appris, ou n'apparaîtraient jamais" (Skinner, *op.cit.*, p. 79). La méthode pédagogique tirée directement de ces principes est connue sous le nom d'*enseignement programmé*.

La réalisation d'un enseignement de ce type implique tout d'abord de définir les comportements complexes auxquels on veut conduire l'élève (objectifs de formation) et les étapes à suivre pour y parvenir (progression pédagogique). Dans ce but, la matière à enseigner (orthographe, maths...) est découpée en unités ou fragments (quels en sont les principaux termes, concepts, règles... ?) ; ces unités, accompagnées de questions ou de tâches à exécuter, sont présentées successivement à l'élève dans un ordre croissant de difficulté. Cette programmation linéaire de la matière doit comporter des fragments nombreux, courts et sources de réussite pour l'élève de façon à assurer des renforcements immédiats et positifs. L'erreur pour Skinner n'est pas souhaitée car source de renforcements négatifs démotivateurs.

L'apprentissage se fait par "l'implémentation" de la matière dans des machines diverses, plus ou moins sophistiquées (du carnet à l'ordinateur). Ces outils doivent respecter plusieurs critères inspirés par les lois du conditionnement : permettre un échange continu entre l'élève et la matière programmée ; ne lui présenter que le fragment (ou cadre) de matière le plus proche de ses possibilités actuelles et s'assurer que ce fragment est appris ; permettre à l'élève de progresser à son propre rythme ; faire en sorte qu'il soit actif par la production de réponses ; enfin, renforcer l'élève en lui permettant de constater l'exactitude de sa réponse de manière à modeler et maintenir son comportement. Ces dispositifs n'éliminent pas la présence du maître qui pourra surveiller et renforcer plus facilement l'ensemble d'une classe.

A titre d'illustration, nous avons reproduit (*Pour en savoir plus 2.c*) un programme skinnérien destiné à apprendre à des enfants du primaire l'orthographe du mot "aérodynamique" ainsi qu'un exemple d'une des premières machines à enseigner utilisée pour apprendre l'écriture de ce mot ou d'autres.

POUR EN SAVOIR PLUS 2.c

Le mot est décomposé en six fragments qui sont présentés successivement dans l'ordre suivant :

1. AERODYNAMIQUE veut dire : bien profilé, pour offrir peu de résistance à l'air. Les voitures modernes ont une ligne **aérodynamique**. Copiez le mot ici :

— — — — — — — — — — — — —

2. Une partie du mot se retrouve dans **dynamisme**. Dans les deux cas, elle provient d'un mot grec, qui veut dire **force**.

A E R O— — — — M I Q U E

3. Une partie du mot se retrouve dans **aéroplane**. Elle veut dire **air**.

— — — — D Y N A M I Q U E

4. Les deux espaces vides correspondent à une même lettre.

—E R O D Y N — M I Q U E

5. Les deux espaces vides correspondent à un même son, mais qui s'écrit de façon différente.

A E R O D — N A M — Q U E

6. Les voitures modernes ont une ligne

— — — — — — — — — — — — —

La machine pour apprendre présente une fenêtre rectangulaire (F) dans laquelle chaque fragment incomplet de matière est présenté. Afin de compléter le fragment, l'enfant compose sa réponse en utilisant des glissières portant des lettres. Ceci fait, l'enfant tourne la manivelle (M) : si la solution donnée par l'élève est correcte (la machine comparant la réponse à une réponse codée), un nouveau fragment est libéré et apparaît, ce résultat renforçant la réponse ; si la solution est incorrecte, le dispositif reste bloqué et l'enfant doit donner une nouvelle réponse.

Dans le programme présenté ci-dessus, l'enfant ne voit pas la réponse correcte ; cependant, d'autres programmes la fournissent à chaque fragment (voir l'exemple d'un enseignement de physique *in* Skinner, *op. cit.*, p. 55 et suivantes).

Si les recherches comportementales sur l'apprentissage et les principes pédagogiques qu'il en extrait ont pu paraître à Skinner pleinement efficaces, il semble s'être heurté à quelques résistances culturelles puisqu'il écrit que "l'éducation doit *accepter* (c'est nous qui soulignons) le fait que nos vieilles pratiques pédagogiques doivent subir une profonde mutation. Lorsque ce sera fait, nous pourrons avec confiance entreprendre de mettre sur pied un système scolaire conscient de ses buts, sûr de ses méthodes et généreusement soutenu par les citoyens dynamiques et bien formés que le système lui-même aura engendrés" (1969, p. 37). Malgré l'enthousiasme de Skinner, les principes de programmation linéaire qu'il avait formulés ont été rapidement remis en cause et remplacés par des programmes ramifiés qui mettent notamment l'accent sur le rôle positif de l'erreur dans l'apprentissage (Crowder, 1959). En bon behavioriste, Skinner ne s'intéressait nullement aux activités conduisant l'élève à produire telle ou telle réponse. Patrick (1992) note cependant que les techniques actuelles d'enseignement assisté par ordinateur ont conservé de l'enseignement programmé la nécessité d'expliciter les objectifs opérationnels d'apprentissage, d'analyser la structure du contenu à apprendre et d'élaborer la progression pédagogique.

Concernant les thérapies comportementales, Skinner va proposer de substituer aux procédures de déconditionnement classique, fondées sur les travaux de Pavlov, des techniques thérapeutiques basées sur le conditionnement opérant. Il ne s'agit pas d'atteindre les mécanismes à la source des dysfonctionnements psychologiques, mais de modifier des comportements (substituer à un comportement non désiré un comportement souhaité) par la manipulation des contingences de renforcement. Cette manipulation peut être réalisée soit par le thérapeute, soit par le sujet lui-même par l'intermédiaire de l'apprentissage de comportements d'auto-contrôle. Pour illustrer les principes de cette thérapie, nous nous référerons en premier lieu à une étude réalisée par Ayllon et Haugton (1962) auprès de schizophrènes. Cette intervention ne visait pas à guérir les malades, mais à faire disparaître des comportements gênant l'organisation du service psychiatrique, tel le refus de se rendre seul à la salle à manger à l'heure des repas. Le programme de renforcement a consisté à remplacer les incitations fournies par le personnel infirmier par une sonnerie (stimulus) annonçant l'heure du repas et à réduire progressivement le délai de distribution des repas (renforcement) sachant que toute personne ne respectant pas ce délai en était quitte pour jeûner. A la fin de l'intervention, tous les malades se rendaient dans le délai prévu à la salle à manger sans intervention du personnel. D'autres interventions s'attaquent plus directement aux symptômes du patient comme dans l'étude de Bachrach, Erwin et Mohr (1965) consistant à utiliser des renforcements positifs lorsqu'une patiente anorexique s'alimentait et à les supprimer dans le cas contraire. Alors que ces exemples illustrent une intervention extérieure, une thérapie complémentaire consiste à apprendre à la personne à contrôler les stimuli associés à des comportements problématiques comme la sur-consommation alimentaire (par exemple Ferster, Numberger et Levitt, 1962).

Ainsi, les thérapies comportementales peuvent être utilisées soit pour éliminer des comportements perturbateurs du fonctionnement d'une organisation, soit pour traiter un trouble de la personne, soit pour faciliter l'auto-contrôle du sujet. Cette dernière technique s'inscrit dans l'étude plus générale des comportements spontanés d'auto-contrôle mis en œuvre par tout individu. Cependant, dans la perspective de Skinner, le contrôle du comportement n'est pas dépendant d'activités internes propres au sujet, mais *in fine* de variables environnementales.

6. La coordination des lois du comportement : Hull

Clark Leonard Hull (1884-1952) a fait des études de psychologie, puis enseigné comme assistant à l'Université du Wisconsin où il a soutenu sa thèse en 1918. Il devint professeur titulaire à l'Institut de Psychologie de l'Université de Yale en 1929, où il demeura jusqu'à son décès en 1952. Si son premier ouvrage (1928) traite des méthodes de tests d'aptitude, l'essentiel de son œuvre a eu pour ambition d'élaborer et de tester une théorie générale du comportement qu'il a formulée notamment dans trois ouvrages : *Principles of Behavior* (1943), *Essentials of Behavior* (1951) et *Behavior System* (1952). A l'époque de Hull, le behaviorisme a accumulé de façon indépendante diverses lois empiriques dans différents types d'apprentissage. Le moment était venu de coordonner ces lois au sein d'un système théorique général à soumettre ensuite à vérification expérimentale. La construction de ce système théorique chez Hull obéit à trois principes essentiels :

— l'introduction, dans le schéma S-R, de constructs hypothétiques ou *variables intermédiaires*[14] qui s'intercalent entre le stimulus et la réponse observables. Ces variables sont destinées à représenter les mécanismes qui génèrent la relation S-R. Si le lecteur a gardé quelques traces du chapitre précédent, il notera que, contrairement à Watson, Hull propose une explication de l'apprentissage, rejoignant en cela Pavlov. De façon simplifiée, la théorie de Hull postule que les paramètres de la réaction observée (par exemple temps de latence ou amplitude) dépendent de l'évocabilité de cette réaction qui est elle-même fonction du jeu de potentiels d'inhibition et d'excitation, ce dernier étant lui-même le résultat de la combinaison de la pulsion motivationnelle (par exemple, la faim) et de la force de l'habitude ou force de la relation S-R. Les relations entre ces différentes variables sont conçues sous forme d'une chaîne causale linéaire. Le lecteur trouvera une présentation schématique de cette chaîne chez Hull (1943, p. 383), et en français chez Ehrlich (1975, p. 46).

— la nécessité, pour vérifier ces postulats, de relier chaque variable intermédiaire non observable à des observables pour garantir que les constructs hypothétiques introduits dans la théorie ne soient pas des concepts verbaux et spéculatifs. Hull résume cette position dans le schéma suivant (1943, p. 22) :

A -------------- f -------------- (X) -------------- f -------------- B

La variable intermédiaire (X) non directement observable est fonctionnellement liée (f) à un événement antécédent (A) et à un événement subséquent (B). (A) et (B) sont tous deux directement observables. Quand une variable intermédiaire est ainsi solidement attachée à des observables de chaque côté, elle peut être employée en toute sécurité dans une théorie scientifique.

— la volonté d'exprimer les relations entre les constructs eux-mêmes et les relations entre ceux-ci et les variables observables de stimulation et de réaction sous forme de fonctions mathématiques. Cette formalisation des postulats permet de prédire, dans une situation expérimentale spécifique, les valeurs attendues de la réaction en fonction des valeurs des autres variables contenues dans la théorie.

Pour illustrer la démarche adoptée par Hull, nous résumerons le chapitre VIII de son ouvrage de 1943 (pp. 102-123) relatif à la relation fonctionnelle entre la force de l'habitude et le nombre de renforcements. La force de l'habitude est une variable intermédiaire qui désigne la force de la connexion, au niveau neurologique, entre une impulsion afférente (liée à l'action d'un stimulus sur un organe récepteur) et une impulsion efférente (liée à la réponse de l'organisme). Cette variable non observable est associée à deux catégories de phénomènes observables : d'une part, un événement antécédent (dans ce chapitre, le nombre de renforcements), d'autre part, un événement subséquent (les paramètres de la réaction, par exemple son temps de latence). Hull fait un bilan des travaux empiriques établissant des relations entre le nombre de renforcements et les paramètres de la réponse dans différentes situations d'apprentissage.

A partir de ce bilan, il formule la loi hypothétique selon laquelle :

— la force de l'habitude est une fonction croissante du nombre de renforcements ;

— cette fonction croît jusqu'à une certaine limite physiologique au-delà de laquelle aucune augmentation n'est possible ;

— au fur et à mesure que la force de l'habitude se rapproche de cette limite physiologique sous l'effet de renforcements répétés, le gain résultant de chaque renforcement additionnel diminue progressivement en importance.

Cette loi hypothétique peut être représentée sous la forme de la courbe théorique suivante (Hull, *op. cit.*, p. 117) :

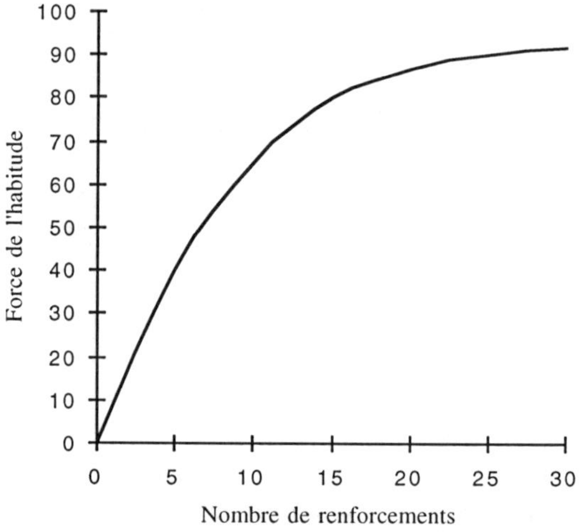

Figure 2.5. Courbe théorique de la force de l'habitude

Un tel postulat n'est pas directement testable. Pour pouvoir en dériver des prédictions, il est nécessaire de formuler quantitativement les relations fonctionnelles postulées moyennant l'élaboration d'un modèle mathématique. Ce dernier, par un ensemble d'équations, fait correspondre à des valeurs quantitatives de l'événement antécédent (ici, le nombre de renforcements), les valeurs attendues de la variable intermédiaire (ici, la force de l'habitude) et les valeurs attendues de l'événement subséquent (ici, l'amplitude de la réaction, par exemple). A partir de là, les prédictions déduites dans une situation d'observation particulière sont confrontées aux données empiriques recueillies, permettant ainsi d'accepter ou de rejeter la loi postulée selon la concordance entre données prédites et faits observés.

Hull conçoit l'apprentissage comme l'établissement de connexions entre des stimuli et des réponses qui, sur une base neuronale supposée, donne lieu à la formation d'habitudes. Au centre de leur formation se trouve le renforcement exprimé notamment dans la loi du renforcement primaire : "Chaque fois qu'une activité effectrice se produit en contiguïté temporelle avec une impulsion afférente, ou avec la trace neurale de cette impulsion, résultant de l'impact de l'énergie d'un stimulus sur un récepteur, et chaque fois que cette conjonction est étroitement associée dans le temps avec la réduction d'un besoin, il en résultera une augmentation de la probabilité d'évocation de cette réaction en présence du stimulus en des occasions ultérieures." (Hull, 1943, p. 80). Cette conception n'est pas sans rappeler les propositions formulées par Thorndike et examinées dans le § 3.1. : l'établissement de connexions S-R dans l'apprentissage et la parenté existant entre la loi de l'effet de Thorndike et la réduction du besoin chez Hull. Elle s'en distingue cependant par l'ambition de Hull de construire un modèle formel applicable à tout type d'apprentissage tant par conditionnement que par essais et erreurs.

En résumé, Hull maintient, comme ses prédécesseurs, une conception associationniste de l'apprentissage, même si le schéma initial de Watson et sa démarche sont profondément modifiés. Dans le behaviorisme classique y compris chez Skinner, les psychologues extraient prioritairement des lois à partir d'observations répétées ; leur démarche est essentiellement inductive. Hull préconise une *démarche hypothético-déductive* : une première étape fondée sur le bilan des observations expérimentales antérieures aboutit à la construction d'un système théorique duquel sont déduites ensuite des hypothèses expérimentales à soumettre à vérification. Par cette démarche, qui n'a pas fait l'unanimité chez les behavioristes (par exemple Skinner, 1944, 1969), Hull exprime la volonté de transférer en psychologie la méthodologie d'autres sciences et le souci de pouvoir confronter différentes théories concurrentes, notamment la sienne et celle des gestaltistes dont nous examinerons les conceptions dans le chapitre III.

7. Synthèse : apports et limites du behaviorisme

Dans cette conclusion, nous synthétiserons la position du behaviorisme radical, puis nous élargirons notre réflexion sur les conséquences de la prise de position behavioriste, ses intérêts et ses limites.

Pour résumer le paradigme behavioriste, laissons la parole à J.-R. Angell, qui rappelons-le, a été le directeur de thèse de Watson. En 1928, il caractérise le behaviorisme comme une doctrine qui (*in* Zazzo, 1942, p. 103) :

— dénie toute réalité à la conscience ou, s'il en accepte l'existence, lui refuse toute valeur causale dans l'activité ;

— rejette l'introspection ;

— nie l'existence des images mentales, des idées ;

— conçoit la seule réalité comme matérielle, la seule causalité comme mécanique ;

— considère toute finalité consciente comme une fiction ;

— considère toute activité comme l'élaboration d'un réflexe conditionné et sur cette base prétend expliquer toute action humaine comme étant purement et simplement une réponse de l'organisme à une stimulation ;

— réduit émotions et sentiments à des activités viscérales et glandulaires ;

— décrit la pensée comme un mouvement musculaire.

Si ces propos illustrent bien les craintes d'Angell concernant l'avenir d'une psychologie purement behavioriste, il convient toutefois dans une perspective historique de ne pas ignorer les avancées que le behaviorisme a fait faire à la psychologie. En tant que paradigme, il a fourni à la psychologie un *objet d'étude* (le comportement) et des *méthodes objectives* (observation et expérimentation). Comme nous l'avons vu, cette orientation était déjà présente dans l'œuvre des pionniers et, comme nous le verrons dans le prochain chapitre, les psychologues, quel que soit leur système théorique, cherchent toujours à décrire et à expliquer le comportement par le moyen de méthodes objectives. En considérant les comportements comme des réactions adaptatives globales au milieu et à ses variations, Watson a contribué à définir un niveau d'observation non réductible à ceux étudiés par la physiologie et la biologie. Cependant, à côté des gains d'objectivité, le positivisme extrême de Watson a entraîné des coûts pour la psychologie. Les prix à payer sont des réductionnismes inhérents au behaviorisme ontologique.

Une *première limite* est relative à l'atteinte du but watsonien de fonder une psychologie scientifique, branche autonome des sciences naturelles. Une discipline scientifique n'est autonome qu'à la condition de pouvoir, de façon vérifiable, non seulement décrire, mais aussi expliquer ce qu'elle décrit. Epistémologiquement parlant, l'explication ne se confond pas avec l'établissement de lois (comme par exemple, les lois R = f (S)). Expliquer consiste à rechercher les significations d'un fait en le référant à des événements (structure, processus) appartenant à un autre niveau de la réalité que le fait lui-même. Dit autrement, expliquer, c'est coordonner différents plans de réalité.

Pour illustrer la notion d'explication, prenons un exemple dans un autre domaine, celui de la mycologie. Tout bon chercheur de champignons a pu observer que la conjonction de plusieurs stimuli (niveaux de pluviosité et d'ensoleillement) déclenche, à la surface du sol, des réactions : la pousse des champignons. Un examen attentif des variations des stimuli et de l'amplitude des réactions (nombre et taille des champignons) permet à notre chercheur d'établir des lois de la pousse des champignons. La connaissance de ces lois suffit à décider du moment pertinent pour aller cueillir les champignons. Toutefois, elle ne permet pas de les élever artificiellement. Pour atteindre ce but, encore faut-il que notre chercheur puisse expliquer comment les stimuli déclenchent la réaction mycologique, ce qui revient à identifier le phénomène qui se déroule à l'intérieur du sol, à savoir le développement du mycélium.

Transférons cet exemple en psychologie : expliquer un comportement, c'est accepter de faire de ce comportement les signes, les manifestations de quelque chose d'intérieur, de phénomènes mentaux. Or, pour les behavioristes purs et durs, accepter cela, c'est accepter le risque de retomber dans une psychologie mentaliste, introspectionniste, invérifiable. Comment éviter ce risque ? En considérant l'étude expérimentale des relations S-R, du comportement, non pas comme une méthode, un moyen, mais comme définissant en soi la discipline "psychologie", son objet et son objectif. Ce faisant, les behavioristes réduisent la psychologie au rang d'une science purement descriptive et, contrairement à leur projet d'autonomisation, ils rendent possible la colonisation de la psychologie par d'autres disciplines. Qui expliquera ce que le psychologue décrit ? Comte était-il devin quand il excluait la psychologie du domaine des sciences ?

Une *deuxième limite* est inhérente aux lois établies par les behavioristes. D'une part, si les lois comportementales fondées sur le principe du conditionnement pavlovien ou skinnérien ne sont pas critiquables (ce sont des faits), elles ne rendent pas compte d'une partie des comportements quotidiens (comme la découverte brusque d'une solution). D'autre part, les lois S-R se présentent pour les behavioristes radicaux comme de véritables relations causales ce qui conduit à faire des stimuli, ou plus globalement des situations, les seules variables déterminant le comportement. Situationnistes, les behavioristes développent une conception théorique du comportement de nature empiriste, associationniste et mécaniste. Ils n'accordent à la subjectivité aucun rôle dans la détermination des activités comportementales humaines. Pour paraphraser Gréco (1973), ils s'exposent alors à une critique légitime, celle de faire dans la science, mais de ne plus être tout à fait sûrs de faire de la psychologie.

Mais il y a plus grave enfin. Comme l'a dit le psychologue expérimentaliste Paul Fraisse* : "Je hais le terme behaviorisme parce qu'il nous a fait beaucoup de mal" (1980, p. 213). En effet, pour des générations de psychologues, notamment américains, l'application du schéma S-R a conduit à s'intéresser au bouton et à la sonnette, mais à oublier l'intermédiaire essentiel, la batterie, c'est-à-dire l'organisme psycho-physiquement défini (Tilquin, 1942). Avec le recul, ce programme apparaît comme une régression historique dans la mesure où des contemporains de Watson, tout en prônant l'étude des comportements, ne niaient pas l'existence de processus intermédiaires. C'était le cas du Français H. Piéron qui distinguait trois moments dans le comportement : la situation, la réponse comportementale et entre les deux un système d'élaboration ; c'était également le cas de l'Américain Dewey pour qui le comportement impliquait des coordinations internes. En outre, l'intransigeance des positions behavioristes et les excès empiriques et sociaux auxquels a conduit leur application ont pu pousser certains psychologues (ou ceux qui souhaitaient le devenir) à se détourner de toute approche scientifique et expérimentale en psychologie.

Pour partie, Hull paraît échapper aux critiques précédentes relatives au behaviorisme radical puisque, en combattant son aspect dogmatique, il a bravé l'interdit positiviste par la construction d'une théorie du comportement. Toutefois, même s'il reconnaît des limites au behaviorisme, il n'en reste pas moins attaché aux principes et points de vue de cette école : "il n'est pas, dit-il, de théoricien plus naïf que le behavioriste qui cherche dans les stimulus et les réponses l'explication des formes du comportement mental. Il se peut même, par suite de cette attitude, que personne n'ait subi un échec aussi sévère dans sa tentative d'élaboration d'un système explicatif authentique. Malgré tout cela, je conserve une grande confiance dans les possibilités de ce point de vue (behavioriste)." (Hull, 1930 *in* Ehrlich, 1969, p. 9). C'est, semble-t-il, cette confiance qui a réduit la portée de ses recherches. En effet, s'il a complexifié le schéma S-R en y incluant des variables intermédiaires, celles-ci paraissent abstraites ou renvoyer à des concepts physiologiques (potentiel excitatif...). Elles ne désignent pas des activités psychologiques internes ou mentales. De même, en proposant une chaîne de variables reliant le stimulus et la réponse, Hull reste enfermé dans une conception mécaniste et associationniste des phénomènes psychologiques. Ces orientations peuvent expliquer la difficulté majeure de la théorie hullienne à rendre compte des comportements humains complexes, confirmant par là même les limites du behaviorisme.

Vu les problèmes liés à la psychologie du comportement dans ses formes plus ou moins radicales, faut-il en définitive jeter le bébé behavioriste (la notion de comportement, l'objectivité, l'approche expérimentale) avec l'eau trouble de son bain ? Faut-il renoncer au projet d'une science psychologique ? Ou bien peut-on, et comment, faire une psychologie scientifique qui ne perde pas les phénomènes mentaux sous prétexte d'objectivité (comme l'ont fait les behavioristes), et qui, en même temps, ne perde pas l'objectivité tout en rendant intelligibles les comportements (comme le fit la psychologie introspectionniste) ? La réponse à cette question fera l'objet du prochain chapitre consacré au cognitivisme, second paradigme de la psychologie scientifique et paradigme actuel.

LECTURES CONSEILLÉES

Pour approfondir la réflexion sur le behaviorisme

Richelle M. (1980), L'approche behavioriste. *In* M. Richelle et X. Séron (Eds), *L'explication en psychologie*, Paris, PUF (pp. 205-212). Republié *in* Richelle M. (1993), *Du nouveau sur l'esprit ?* Paris, PUF (pp. 85-91).

Tilquin A. (1942). *Le behaviorisme. Origine et développement de la psychologie de réaction en Amérique,* Paris, Vrin.

Pour mieux connaître les auteurs

Ehrlich S. (1975), *Apprentissage et mémoire chez l'homme*, Paris, PUF.

Le Ny J-F. (1964), Les réactions conditionnelles, *In* P. Fraisse et J. Piaget (Eds), *Traité de psychologie expérimentale, IV - Apprentissage et mémoire*, Paris, PUF (pp. 1-41).

Naville P. (1942), *La psychologie du comportement*, Paris, Gallimard, Nouvelle édition augmentée (1963), *La psychologie du comportement*, Paris, Gallimard, Collection Idées.

Richelle M. (1966), *Le conditionnement opérant*, Neuchâtel, Delachaux et Niestlé.

Skinner B. F. (1969), *Contengencies of reinforcement : a theorical analysis*, New York, Meredith Corporation. Traduction française (1971), *L'analyse expérimentale du comportement*, Bruxelles, Mardaga.

CORRECTION DE L'EXERCICE PRÉSENTÉ DANS LE § 4.2 p. 78.

L'histoire du petit Albert

a - la peur des objets à fourrure et à poils
b - la procédure de conditionnement pavlovien

Schéma de la procédure

Phase de contrôle

Bruit de la barre ————————> réaction de peur
(stimulus inconditionnel) *(réaction inconditionnelle)*

Objets divers ————————> pas de réaction de peur
(stimulus neutre) *(absence de réaction inconditionnelle)*

Phase expérimentale (application de la procédure de conditionnement): répétition de:

Rat blanc ———— Bruit de la barre ————> Réaction de peur
(SN) *(SI)* *(RI)*

Résultat final du conditionnement

Rat blanc ————————> Réaction de peur
(stimulus conditionnel) *(réaction conditionnée)*

c - Pour vérifier la loi de généralisation à des stimuli proches du stimulus conditionnel (objets à poils et à fourrure) et l'absence de généralisation à des objets éloignés (cubes).

EXERCICES DE RÉVISION DU CHAPITRE II

I - Remplissez les blancs

a - Pour un behavioriste, la notion de comportement désigne la .... entre un ou des .... et une ou des .... émises par l'organisme.

b - Thorndike a formulé deux premières lois de l'apprentissage ; la loi de .... et la loi de ....

c - .... a préconisé, en France, que la psychologie étudie les activités des organismes et leurs rapports sensori-moteurs avec le milieu.

d - L'approche psychologique centrée sur l'étude des états de conscience est appelée.......................... Son chef de file est ....

e - Le conditionnement classique ou pavlovien est une procédure d'apprentissage qui consiste à présenter de façon répétée un stimulus ....avant un stimulus .... Après conditionnement, la réaction............................ s'appelle réaction ....

f - L'idée selon laquelle il faut éviter d'expliquer une action comme le signe d'une faculté supérieure si elle peut être expliquée de façon plus simple est appelée la règle de .... Elle a été formulée par...............................

g - Les psychologues qui conçoivent la conscience comme un flux grâce auquel l'organisme s'adapte au milieu ont été qualifiés de .... et regroupés dans l'école ....

h - Dans le domaine de l'enseignement, la méthode consistant à décomposer la matière à apprendre en fragments suivis de renforcements positifs est appelée .... Cette méthode est une application du .... développé par ....

i - .... a préconisé et mis en œuvre une démarche hypothético-déductive en psychologie.

II - Résolvez le problème

En 1955, Greenspoon réalise l'étude suivante. On demande à des sujets adultes de prononcer des mots, ceux qui lui viennent à l'esprit pendant 50 mn. Dans un groupe I, chaque fois que le sujet prononce un mot au pluriel, l'expérimentateur fait "Hum-hum" pendant les 25 premières minutes de l'expérience, puis il ne dit plus rien. Dans un groupe II, l'expérimentateur n'intervient à aucun moment. Greenspoon obtient les résultats suivants :

Périodes de 5 mn	Groupe I	Groupe II
1	22,5	15,5
2	22,1	11,2
3	22,4	11
4	19,1	10,5
5	20,8	8,4
6	16,2	8,1
7	11,6	8,2
8	10,5	10,8
9	11,4	6,7
10	9,5	8,3

Nombre moyen de mots pluriels prononcés par période de 5 mn selon les groupes

Questions :

a - Représentez les données du tableau sous forme graphique.

b - Quelle conception de l'apprentissage permet de rendre compte de la différence des courbes de réponses entre les deux groupes au cours des 25 premières minutes ?

c - Quelle loi peut-on invoquer pour rendre compte de l'évolution des réponses du groupe I au cours des 25 dernières minutes ?

d - Cette étude utilise la méthode préconisée par le behaviorisme. Indiquez le nom de cette méthode et comment elle est appliquée ici.

CORRECTION DES EXERCICES

I - Les blancs

a - relation / stimulus / réponse
b - l'exercice / l'effet
c - Piéron
d - Structuraliste / Titchener
e - neutre / inconditionnel / inconditionnelle / conditionnée
f - parcimonie / Morgan
g - fonctionnalistes / de Chicago
h - enseignement programmé / conditionnement opérant / Skinner
i - Hull

II - Le problème

a - Courbe des résultats

Nombre moyen de mots pluriels prononcés par période de 5 mn selon les groupes

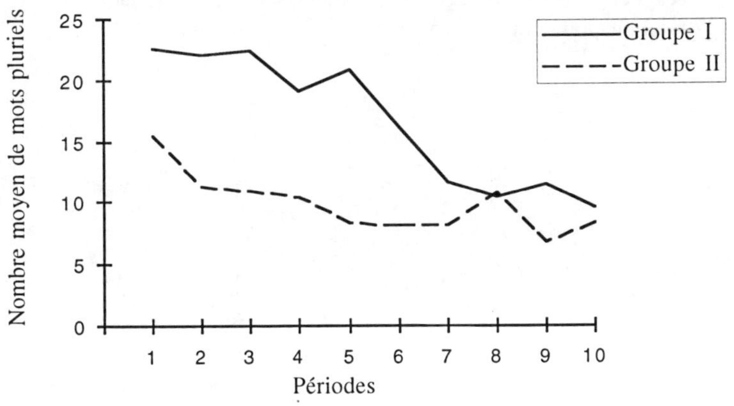

b - conditionnement opérant

c - loi de l'extinction

d - la méthode utilisée est la méthode expérimentale. Dans cette étude, le facteur manipulé est le renforcement ; il a deux modalités : présent ou absent. La réponse mesurée est l'émission de mots pluriels.

NOTES

1. Article dont la traduction peut être trouvée en annexe de l'ouvrage de Paicheler (1992)
2. C'est nous qui soulignons.
3. C'est pourquoi un psychologue behavioriste nommé Max a étudié l'activité électrique des muscles des bras lorsque des muets pensent (*in* Mayer, 1977).
4. Small et Thorndike sont ici cités à titre d'initiateurs, mais les travaux utilisant ces types de dispositifs sont légion dans la psychologie animale.
5. Tiré de Mayer R.E. (1977). *Thinking and Problem solving. An Introduction to human cognition and leardning* Glenview : Scott, Foresman and Cie.
6. Recherches pour lesquelles il obtint le prix Nobel de Physiologie et de Médecine en 1904.
7. Deux recueils de textes de Pavlov (1955, 1963) sont disponibles en français.
8. Une première synthèse de ses travaux paraît en 1906 dans *L'Année Psychologique* (voir Le Ny, 1994).
9. Tiré de Miller G.A. (1962). *Psychology - The Science of Mental Life.* New York. Penguin Books.

10. On peut noter que le milieu social ne dispose pas de signes pour désigner les réactions viscéro-glandulaires. Cet informulé ou informulable renvoie pour partie chez Watson à la notion d'inconscient.
11. Watson publiera notamment, avec sa seconde épouse, un ouvrage intitulé *Psychological care of the infant and child* (1928).
12. Tirés de Reuchlin M. (1977). *Psychologie*, Paris, PUF.
13. Nous évoquerons l'ouvrage de Skinner (1957) *Verbal behavior* dans le chapitre III.
14. Le concept de variable intermédiaire a été introduit pour la première fois par Tolman en 1937 (voir chapitre III).

CHAPITRE III

Le cognitivisme, second paradigme de la psychologie générale

Comme annoncé dans l'introduction de cet ouvrage, le cognitivisme est le second paradigme de la psychologie générale. Il en constitue aussi le paradigme actuel. A un niveau général, le paradigme cognitiviste "encourage les psychologues à inférer des constructs inobservables sur la base de phénomènes observables" (Baars, 1986, *in* Legrand, 1990, p. 267), c'est-à-dire à développer une psychologie des conduites conçues comme "un ensemble d'activités motivées et informées par des connaissances préalables" (Curie, 1992, p. 214). Sous ce paradigme, la psychologie générale contemporaine s'est centrée sur l'étude de la cognition, d'où le qualificatif de psychologie cognitive. Par cognition, on entendra "tous les processus par lesquels l'information d'entrée (*input*) est transformée, réduite, élaborée, stockée, récupérée et utilisée. (...) Des termes tels que sensation, perception, imagerie, rétention, rappel, résolution de problème et pensée, parmi beaucoup d'autres, font référence à des étapes ou aspects hypothétiques de la cognition" (Neisser, 1967, p. 4). Parce que ces cognitions se construisent, parce qu'elles portent conjointement sur un environnement matériel et social, leur étude sera menée non seulement en psychologie générale, mais aussi en psychologie cognitive du développement et en psychologie sociale (cognition sociale). Dans cette acception, la psychologie cognitive est définie par son objet, ce qui ne préjuge en rien des modèles élaborés pour représenter les cognitions. On parlera ici de psychologie cognitive au sens large.

Sous une acception plus restreinte, la psychologie cognitive se définit en référence à un modèle dominant de la cognition : le modèle "Traitement de l'Information" (TI). Ce modèle n'est pas spécifique à la psychologie ; il est partagé par un ensemble de disciplines, regroupées sous le label “sciences cognitives” ou “sciences de la cognition”, dont l’objectif est de découvrir “l’ensemble des conditions structurelles et fonctionnelles minimales permettant de percevoir, de se représenter, de récupérer et d’utiliser l’information” (Tiberghien, 1986, p. 184), qu’il s’agisse d’un système naturel ou artificiel. Parfois appelé cognitivisme computationnel, le modèle Traitement de l’Information conçoit la cognition comme une séquence d’opérations mentales d’élaboration et de transformation des informations (ou représentations) lors de la réalisation d’une tâche.

En résumé, en psychologie, par cognitivisme[1] nous entendrons l’ensemble des modèles et travaux empiriques qui introduisent des variables latentes entre les stimuli et les réponses, quelle que soit la nature de ces variables. La psychologie cognitive au sens large, incluse dans cette approche cognitiviste, centre son étude sur les variables latentes cognitives. Par psychologie cognitive au sens restreint, nous désignerons la conceptualisation de ces variables sous le modèle dominant du Traitement de l’Information (voir figure 2 p. 25).

Dans la perspective historique qui est la nôtre, l’objet de ce chapitre n’est pas d’examiner en détail les modèles et travaux empiriques de la psychologie cognitive contemporaine, mais d’en retracer l’émergence. Le lecteur intéressé par les recherches cognitives actuelles se référera à l’ouvrage de Bernard Cadet dans cette collection. En référence aux trois plans d’analyse que nous venons de décrire, nous définirons dans une première partie l’objet et la méthode du paradigme cognitiviste en les situant par rapport au paradigme behavioriste. Une deuxième partie sera consacrée à l’examen des principaux courants de recherche européens et américains qui ont contribué au développement de la psychologie cognitive au sens large. Enfin, la troisième partie traitera de l’émergence du modèle Traitement de l’Information (TI) et de son insertion dans le champ des sciences cognitives. D’un point de vue historique, il faut noter que l’émergence du paradigme cognitiviste n’est pas strictement consécutive au déclin du behaviorisme. Comme le dit Kuhn (1962), l’existence d’un paradigme dominant n’exclut pas la présence d’autres approches se développant en marge du paradigme. Nous verrons que dès les années 20 est exprimée, notamment en Europe, l’idée que la psychologie ne peut se limiter à l’étude de comportements élémentaires. Il faudra cependant attendre le début des années 60 pour que le paradigme cognitiviste devienne dominant avec le développement du modèle TI.

1. Le cognitivisme : objet et méthode

La divergence majeure entre les paradigmes behavioriste et cognitiviste se situe au niveau de la définition de l'objet assigné à la psychologie. Comme nous l'avons vu, pour le behaviorisme, l'objet de la psychologie est l'étude des relations S-R ; on fait l'impasse sur la "boîte noire", sur les mécanismes intermédiaires, à la fois pour des raisons méthodologiques — non observables, ils ne sont pas étudiables scientifiquement — et pour des raisons pratiques — ils ne sont pas nécessaires pour prédire et contrôler les comportements. C'est cette définition de l'objet que va récuser le cognitivisme. Ce dernier va affirmer que, pour rendre compte du comportement, il est nécessaire d'étudier les mécanismes sous-jacents organisateurs des comportements. Le travail du psychologue est donc "d'entrer dans la boîte noire", d'étudier comment elle est faite et comment elle fonctionne. Ce projet n'est pas contradictoire avec celui d'autres sciences. Si l'on avait appliqué strictement le raisonnement behavioriste à des sciences comme la physique ou la chimie, il n'y aurait pas eu de théorie de la structure atomique. Certaines entités constitutives d'un atome ne peuvent pas être vues, et pourtant ces entités non observables sont formulées dans une théorie.

Ce nouvel objet assigné à la psychologie est l'étude des *conduites*. Le concept de conduite est classiquement attribué à Pierre Janet (1851-1947). Pour situer le personnage on dira simplement qu'après des études de philosophie, puis de médecine, il se spécialise en psycho-pathologie, mais ses centres d'intérêt étaient nombreux et variés. Certes, pour Janet, le développement de la psychologie doit inclure l'étude des actions ou comportements, mais ne peut s'y réduire. Parlant du behaviorisme radical, Janet écrit que "cette psychologie de comportement ne tient compte que des actes très élémentaires (...). Je crois que, pour la développer, il faut aller plus loin : la psychologie du comportement doit se transformer en une psychologie des conduites" (1926, *in* Prévost, 1973, p. 28). Pour lui, cette psychologie doit faire une place à l'étude de la conscience, des croyances, des réflexions, des raisonnements, des phénomènes psychologiques les plus élevés, les plus propres à l'homme. Au plan méthodologique, cette psychologie doit viser l'objectivité : elle doit s'occuper de ce que l'on voit, des actions, des attitudes et des paroles des sujets, pour en saisir l'articulation individuelle signifiante. Cette prise de position trouve essentiellement son origine dans ses préoccupations de psychopathologue, car, pour lui, malade et thérapeute étant différents, le psychologue ne peut étudier la vie mentale d'un malade qu'en partant de ses manifestations visibles, donc des actions. Elle ne s'y limite pas cependant, et comme le souligne Fraisse

(1963) "la psychologie de la conduite anticipe la psychologie moderne qui intègre dans un schéma de la conduite à la fois l'influence de la situation et celles des réactions conscientes et inconscientes de l'individu à cette situation, pour expliquer les actes que saisit l'observateur ou l'expérimentateur" (p. 31). Ce schéma de la conduite a été résumé par Fraisse sous la forme :

S ---------P---------R **ou** **R = f (S <-------> P)**

dans lequel P désigne la personnalité ou le psychisme qui, en interaction avec la situation, détermine la réponse. Classiquement, trois grandes fonctions ou systèmes composent la personnalité : un système cognitif qui permet de traiter et de se représenter les données de l'environnement et qui contribue à leur donner une signification ; un système affectivo-émotionnel qui permet d'attribuer une valeur personnelle aux données de l'environnement ; un système motivationnel qui déclenche et oriente l'activité d'échange avec le milieu.

Au plan méthodologique, entrer dans la boîte noire constitue-t-il alors un retour au subjectivisme, l'étude de mécanismes psychologiques internes au sujet n'étant possible que par une démarche introspective ? Reviendrait-on au début du siècle ? Heureusement non, car le projet du cognitivisme est d'analyser scientifiquement les mécanismes psychologiques. De ce point de vue, donc, behaviorisme et cognitivisme partagent une même démarche de production des connaissances. Seules les méthodes scientifiques fournissant des données publiques sont utilisables, ce qui exclut le recours à des méthodes fondées sur ses propres sentiments ou intuitions. L'utilisation d'une méthode objective pour étudier des phénomènes subjectifs complique alors la tâche : puisque les événements mentaux sont privés, non observables, ils doivent être inférés à partir des comportements. Il s'agira donc de concevoir des méthodes scientifiques pour "observer" indirectement la boîte noire. On peut là aussi faire un parallèle avec les recherches en physique. Quand on postule l'existence de certaines entités constitutives des atomes mais qu'on ne peut pas les observer, on pourra indirectement tester leur existence par les effets qu'elles provoquent dans une situation donnée.

En résumé, contrairement au schéma S-R du behaviorisme, le schéma S-P-R du cognitivisme indique que :

— il se passe quelque chose entre S et R ;

— on ne peut expliquer R sans connaître et analyser P, c'est-à-dire que les réponses comportementales ne sont pas seulement ou mécaniquement des réactions aux stimuli, mais dépendent des significations que le sujet accorde aux stimuli ;

— consécutivement, un même S peut conduire à des réponses différentes si P est différent.

Au plan méthodologique, en revanche, behaviorisme et cognitivisme partagent la même volonté d'adopter une démarche d'étude objective.

2. Emergence et développement de la psychologie cognitive

Sous cette conception paradigmatique générale et par réaction à l'élémentarisme S-R, plusieurs psychologues ont développé des théories relatives aux structures et processus internes organisateurs des comportements. Pour illustrer cette perspective, nous situerons les recherches structuralistes européennes de l'école allemande gestaltiste, l'œuvre du Suisse Jean Piaget et les propositions théoriques de l'Anglais Frederic Bartlett. Parallèlement, aux Etats-Unis, va progressivement s'imposer la nécessité d'introduire des variables intermédiaires de nature cognitive dans le schéma d'étude du comportement. A des titres différents, cette évolution doit beaucoup à l'approche cognitive de l'apprentissage de Tolman et à l'approche fonctionnaliste des activités perceptives et de catégorisation développée par Bruner.

2.1. Les structuralismes de la psychologie européenne

2.1.1. Les gestaltistes et la notion de totalité

La *Gestalt* théorie ou psychologie de la forme (*Gestalt* = forme) s'est développée en Allemagne à l'époque où le behaviorisme prenait son essor aux Etats-Unis, à la fin des années 10, début des années 20. Trois psychologues ayant suivi la même formation de philosophie et de psychologie à Berlin attachent leur nom à ce courant, comme fondateurs et théoriciens : Max Wertheimer, Kurt Koffka et Wolfgang Köhler.

Considéré comme l'initiateur du mouvement gestaltiste, Wertheimer (1880-1943), élève de Külpe, a obtenu sa thèse à l'Université de Würzburg en 1904. Enseignant à l'Université de Francfort et de Berlin, il émigre aux Etats-Unis en 1933 et devient l'année suivante enseignant à l'Université de Columbia. Sa première publication considérée comme l'acte fondateur de la psychologie gestaltiste paraît en 1912 sous le titre “Experimentelle Studien über das Sehen von Bewegungen”[3]. Son principal ouvrage, paru après sa mort, s’intitule *Productive thinking* (1945).

Après des études de philosophie, puis de psychologie à l’Université de Berlin, Koffka (1886-1941) devient assistant de Külpe et rencontre Köhler et Wertheimer au moment où ce dernier étudie la perception du mouvement. Il publie en 1922 un premier article en anglais (“Perception : an introduction to the Gestalt Theory”) qui fait connaître cette théorie aux anglophones. Dès 1924, il émigre aux Etats-Unis où il s’est employé à diffuser les idées gestaltistes dans des conférences et dans un ouvrage de synthèse intitulé *Principles of Gestalt Psychology* (1935).

Ayant suivi la même formation initiale, Köhler (1887-1967) est directeur de la station d’étude des anthropoïdes de Ténérife de 1913 à 1920. La synthèse de ses recherches paraît sous le titre *Intelligenzprüfung die Menschenaffen* en 1917[4]. Après une période d’enseignement de philosophie et de direction de l’Institut de Psychologie de Berlin, il s’installe en 1925 aux Etats-Unis où il poursuit ses activités d’enseignement et de recherche et où il publiera sa théorie des phénomènes psychologiques (*Gestalt Psychology*, 1929).

Au plan des principes, la Gestalt théorie est une théorie d’opposition (caractérielle en quelque sorte) : elle s’est élaborée et développée en réaction principalement à la tradition empiriste associationniste héritée de Wundt, puis au behaviorisme. Pour les gestaltistes, les phénomènes psychologiques (que ce soit la conscience ou le comportement) ne peuvent pas être décomposés en éléments mentaux simples (les sensations) ou en simples chaînes associatives de stimuli et de réponses. De façon générale, ils affirment qu’une explication adéquate des comportements intelligents implique la référence à des états mentaux internes organisés. Ces états mentaux ne sont pas l’addition de sensations élémentaires, mais constituent des totalités, des *Gestalts*, c’est-à-dire “des unités délimitées par rapport à ce qui les environne, composées de parties solidaires” (Guillaume, 1937, p. 217). Ainsi, si une mélodie est transposée dans une autre clé, elle est toujours reconnue comme la même mélodie, même si tous les éléments pris individuellement sont différents[5]. Ceci n’est possible que parce que la mélodie possède des propriétés irréductibles à la somme de ses éléments, elle est une forme directement perçue comme un tout par l’individu, indépendamment d’une activité psychologique.

Sous ce principe, l’objectif général des gestaltistes va être d’établir expérimentalement les lois d’apparition et de transformation des formes, c’est-à-dire de rechercher à quelles organisations des stimuli correspondent des totalités psychologiques.

Les gestaltistes vont produire des recherches dans le domaine de la perception (qui constitue leur terrain de prédilection), de la résolution de problème, de la mémoire.

Pour illustrer les travaux gestaltistes dans le domaine de la perception, nous utiliserons un extrait de l'ouvrage de Guillaume (1937, p. 52-53) qui exemplifie la démarche et le projet de recherche de la psychologie de la forme en décrivant une étude réalisée par Köhler. “Considérons des objets discontinus quelconques, par exemple des taches noires irrégulières sur une feuille de papier. Dans le dessin ci-dessous, tout le monde verra sans doute deux amas de taches. Chaque amas possède dans notre perception une unité. Les taches qui font partie de l'un ne s'agrègent pas, malgré leur ressemblance, aux taches qui font partie de l'autre.(...) Si l'on diminue la distance des deux amas, si l'on augmente les distances entre leurs éléments, si l'on ajoute de nouvelles taches sur la feuille, l'impression d'unité des amas primitifs s'affaiblit”.

Ainsi, sur un matériel sans signification et en faisant varier une condition d'organisation des stimuli (ici leur proximité), on dégage une loi d'organisation des percepts. Sous cette démarche, les gestaltistes ont établi un ensemble de lois permettant de rendre compte de la prégnance perceptive de certaines organisations des stimuli, les lois de la bonne forme ou de prégnance des formes (voir *Pour en savoir plus 3.a*).

POUR EN SAVOIR PLUS 3.a

Enoncé de quelques lois d'organisation perceptive

- ***Loi de proximité*** (voir l'exemple des taches ci-dessus)
- ***Loi de similarité ou de similitude :*** les éléments semblables sont perçus comme appartenant à la même forme. Nous percevons plus facilement les

éléments sous forme d'alignements verticaux, dans le dessin de gauche, et d'alignements horizontaux dans le dessin de droite.

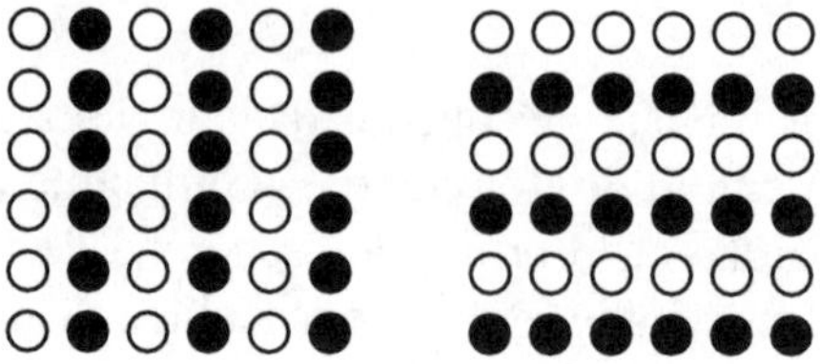

- ***Loi de symétrie :*** lorsque les objets à percevoir comportent des axes de symétrie, ils constituent de bonnes formes perceptives. Le dessin de droite est perçu plus spontanément comme un tout que celui de gauche.

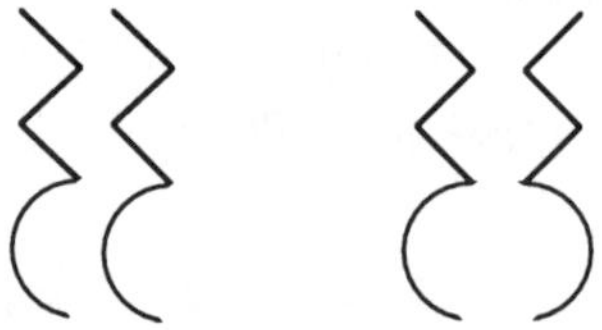

Le lecteur trouvera des définitions et illustrations d'autres lois de la perception dans Delorme (1982) et Reuchlin (1977).

Dans le domaine de la résolution de problème et de l'apprentissage, la découverte de la solution est conçue par les gestaltistes comme une restructuration des données du problème, le passage d'une structure initiale des données à une autre structure de solution. Sur ce point, ils s'opposent aux behavioristes pour qui la résolution de problème est vue comme un apprentissage par essais et erreurs (*cf.* les chats de Thorndike dans le précédent chapitre).

Pendant sept ans (1913-1920), Köhler a réalisé un ensemble d'études sur le comportement des singes supérieurs dans l'île de Ténérife. Parmi les recherches réalisées, une des plus connues et des plus souvent citées est celle du "singe et de la banane". Reportons-nous au texte de Köhler (1927, pp. 118-120). "Sultan (le singe) est mis à l'épreuve. On met à sa disposition deux tiges de roseau creuses, mais solides (...). La première a une section assez inférieure à celle de la seconde pour qu'on puisse facilement l'introduire dans l'une ou l'autre de ses deux ouvertures. Le but (nourriture) est de l'autre côté de la grille, trop loin pour que l'animal puisse l'atteindre avec l'un des deux roseaux. Cependant il se donne aussitôt beaucoup de peine pour l'atteindre avec l'un ou l'autre en engageant beaucoup l'épaule droite entre les barreaux de la grille. Comme tout cela est inutile (...), il avance un des roseaux dehors aussi loin que possible, puis prend l'autre avec précaution et s'en sert pour pousser le premier vers le but. Ainsi, d'une façon qui se présente ici spontanément pour la première fois, le contact entre l'animal et le but est établi". Cette manœuvre étant répétée sans succès, l'expérimentateur enfile les deux roseaux devant Sultan, mais sans effet. Après une période d'arrêt, "Sultan se lève, prend les deux roseaux et joue avec d'une façon distraite. Il arrive alors par hasard qu'il tient devant lui un roseau dans chaque main de sorte qu'ils sont dans le prolongement l'un de l'autre ; il pousse un peu le plus mince dans l'ouverture du plus grand, saute tout de suite à la grille à laquelle il tournait le dos jusque là et commence à attirer une banane avec le roseau double." Le lendemain, l'expérience est répétée avec deux, puis trois roseaux. Il n'y a pas de tâtonnements, la solution est trouvée d'un coup.

Cette découverte brusque de la solution, suite à une période d'inactivité, est appelée par les gestaltistes allemands *Einsicht*, traduit par le terme anglais *insight* (terme qui est resté en psychologie même francophone). Elle correspond au "Bon sang, mais c'est bien sûr" de l'inspecteur Bourrel.

Ce qui oppose ici gestaltistes et behavioristes concerne les modalités de découverte de la solution : celle-ci ne se fait pas par essai et erreur, par sélection progressive de la bonne réponse, mais par *restructuration des données*. En témoigne le fait que la bonne réponse n'apparaît pas progressivement, mais d'un seul coup. En témoigne aussi le fait que la théorie behavioriste ne peut pas rendre compte de la séquence inaction-découverte de la solution. En outre, les deux écoles se distinguent au plan méthodologique : les situations étudiées par les gestaltistes sont plus naturelles et plus complexes ; ils recourent à l'observation comportementale plutôt qu'à un enregistrement quantitatif des performances, comme le montre l'extrait de texte ci-dessus.

Si l'étude de Köhler reste célèbre, il faut noter cependant que les gestaltistes n'ont pas travaillé principalement sur l'animal, mais sur l'homme. A titre d'exemple et pour mieux illustrer l'idée de restructuration, prenons l'exemple d'une étude de Duncker (1945).

On donne au sujet des bougies, des allumettes, des punaises et des petites boîtes. Le problème posé est le suivant : comment faire tenir les bougies allumées sur le mur avec le matériel disponible ?

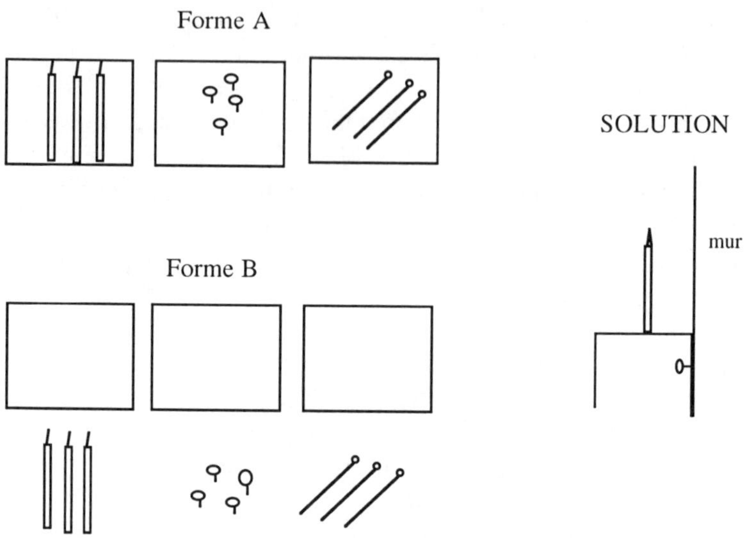

Figure 3.1. Le problème de Duncker

L'utilisation des boîtes comme support des bougies est rendue plus difficile lorsque les boîtes sont remplies par les allumettes, les bougies et les punaises (Forme A) que quand elles sont vides (Forme B). Ici, il faut sortir d'une structure (la boîte comme contenant) pour passer à une autre structure (la boîte comme support). Le passage d'une structure à l'autre est une restructuration. Ce passage est rendu difficile par le fait que, comme pour la prégnance perceptive, il existe une prégnance fonctionnelle : l'objet et sa fonction habituelle sont un tout. Les gestaltistes parleront de phénomène de fixité fonctionnelle. Pour ceux qui connaissent la série de télévision *Mac Gyver*, on a là l'exemple typique d'un sujet flexible qui utilise des objets à des fins autres que celles qui sont habituellement les leurs, pour les recomposer et les utiliser comme nouveaux moyens d'atteindre des buts.

On peut se demander pourquoi le gestaltisme n'a pas triomphé du behaviorisme. Comme nous l'avons dit précédemment, le gestaltisme s'est développé pratiquement en même temps que le behaviorisme, mais il n'a pas eu son succès. Plusieurs raisons peuvent être invoquées pour rendre compte de cet échec relatif.

Lors de la montée du nazisme, les trois fondateurs de la Gestalt théorie vont émigrer aux USA. Bien qu'ils se soient insérés dans le milieu universitaire et que leurs ouvrages aient été publiés en langue anglaise, ils se sont trouvés immergés dans un milieu de recherche dominé par le behaviorisme. Nous verrons néanmoins que leur œuvre contribuera à une évolution de la doctrine behavioriste, notamment à travers les travaux de Tolman.

Plus fondamentalement, on peut noter que l'approche gestaltiste s'est construite sur son opposition aux autres théories de son époque (ce que nous avons appelé plus haut une approche caractérielle). De ce fait, les gestaltistes semblaient plus préoccupés de mettre en évidence des faits qui aillent à l'encontre de leurs adversaires que d'établir un ensemble de faits cohérents, coordonnés entre eux et susceptibles d'étayer leur théorie.

Au-delà de constats souvent judicieux, les gestaltistes ont eu du mal à élaborer une théorie qui tienne la route. Leur conception est nativiste et anti-vitaliste. Leur postulat de base est l'existence de champs (distribution inégale d'énergie entre régions différentes) : un champ physique, un champ cérébral et un champ psychologique. Les éléments constitutifs de ces champs s'organisent en structures ou formes isomorphes obéissant aux mêmes lois physiques d'équilibre et d'économie. Plus qu'une transposition analogique d'un modèle de la physique à l'explication de phénomènes psychologiques, ces lois physiques régissent la matière comme le vivant aux niveaux physiologique et psychologique. Elles régissent la mise en forme des perceptions, souvenirs... de façon autonome sans aucune intervention d'une activité organisatrice du sujet. Ainsi, "ce n'est pas la raison qui dicte ses lois à l'univers, mais il y a plutôt une harmonie naturelle entre la raison et l'univers, parce qu'ils obéissent aux mêmes lois générales d'organisation" (Guillaume, 1937, p. 202).

En résumé, les gestaltistes, en s'opposant aux approches élémentaristes de la psychologie de la conscience (Wundt, Titchener) et de la psychologie du comportement (Watson), ont promu l'étude des phénomènes psychologiques comme des totalités. Ce que le psychologue doit décrire et expliquer, ce sont des lois d'organisation des formes, non des lois d'association entre éléments. Outre son caractère spéculatif, l'explication gestaltiste ne laisse aucune place aux significations accordées par le sujet à l'environnement, que celles-ci soient issues de son histoire et/ou soient liées aux fins poursuivies par le sujet dans un contexte donné. On notera que Kurt Lewin* (1890-1947), gestaltiste de formation, abandonnera le postulat d'isomorphisme pour élaborer un modèle de la dynamique du champ psychologique des conduites individuelles, puis sociales, intégrant les représentations et les buts construits par le sujet.

2.1.2. Piaget et les structures de l'intelligence

Piaget (1896-1980) s'est très tôt passionné pour la science naturelle et l'étude de la faune conchyliologique (coquillages) — dès 11 ans, il assistait le directeur du musée d'histoire naturelle de sa ville natale. Il découvre vers 16 ans la biologie moderne de l'évolution et de l'hérédité. Après un titre de Docteur ès sciences naturelles (1918), il entreprend des formations et des recherches en psychologie à Zurich, puis à Paris. Là, il suit l'enseignement de Janet ainsi que les enseignements de logique et de philosophie des sciences de Brunschvicg et de Meyerson. A la demande de Claparède*, spécialiste de psychologie de l'intelligence chez l'enfant, il devient chef de travaux (1921-1925) à l'Institut Jean-Jacques Rousseau de Genève. C'est dans cette ville que se déroulera l'essentiel de sa carrière universitaire en tant que professeur d'histoire de la pensée scientifique, puis de psychologie et de sociologie et en tant que directeur d'instituts ou d'équipes de recherche en psychologie et éducation. En 1955, Piaget fondera le Centre d'Epistémologie Génétique, lieu d'échanges et de coopération interdisciplinaire (psychologie, logique, cybernétique...) dont les réflexions collectives sont publiées chaque année dans les *Etudes d'Epistémologie Génétique* (EEG).

Depuis son premier écrit en 1907 et ses premiers articles scientifiques sur les caractères des lymnées des lacs suisses (1911-1912) jusqu'à la préface d'un volume de psychologie de la Pléiade (1987) rédigée quelques mois avant sa mort, Piaget a produit seul ou en collaboration un grand nombre d'articles et d'ouvrages ; dans la biographie qu'il consacre à Piaget, Ducret (1990) chiffre à plus de 700 le nombre de publications. Nous citerons quelques ouvrages reflétant diverses facettes de son œuvre sur le terrain de l'étude de la connaissance : *Le langage et la pensée* (1923), première publication consacrée à l'activité de l'enfant ; *La naissance de l'intelligence chez l'enfant* (1936) où il décrit, à partir de l'observation de ses trois enfants, les stades de l'intelligence sensori-motice ; *La formation du symbole chez l'enfant* (1946), une des études relatives à l'évolution des fonctions de représentation ; *De la logique de l'enfant à la logique de l'adolescent* (1955), écrit avec sa principale collaboratrice Bärbel Inhelder*, où sont menées conjointement des analyses psychologique et logique des conduites aux stades opératoires de l'intelligence ; *L'équilibration des structures cognitives : problème central du développement* (1975) présentant sa thèse sur le processus responsable de la construction des structures cognitives ; enfin, et en tant qu'exemples d'ouvrages de synthèse psycho-génétiques et épistémologiques, *Introduction à l'épistémologie génétique" (1950), "La psychologie de l'enfant* (1966, co-rédigé avec Inhelder), *Biologie et connaissance* (1967) et *Le structuralisme* (1968).

Il serait difficile de comprendre Piaget observant au cours de sa vie tantôt mollusques, tantôt enfants et adolescents, sans revenir un instant sur l'objectif ou le fil directeur de son œuvre. L'objectif central qui a orienté ses recherches de biologiste ou de psychologue est de fournir une explication scientifique des organisations vitales au sens le plus large, c'est-à-dire incluant les normes de la pensée logique. Sous cette perspective et sans abandonner sa passion initiale pour la science naturelle, Piaget développera et pratiquera essentiellement la psychologie et l'épistémologie génétiques.

L'épistémologie génétique piagétienne, systématisée dans les années 40, s'inspire notamment des travaux historico-critiques de Brunschvicg sur les notions mathématiques et physiques et prolonge ce qu'en philosophie on désignait par "théorie de la connaissance". Piaget (1950) attribue en effet à cette discipline un objet : la connaissance dans tous ses états, et un problème : celui de l'origine et de l'accroissement des savoirs. Toutefois, pour lui, l'épistémologie doit sortir du cadre philosophique en adoptant pour produire ses thèses des méthodes scientifiques. Une de ses méthodes est ce qu'il est convenu d'appeler la psychologie génétique, c'est-à-dire l'étude non pas des gènes, mais de la genèse des connaissances du bébé à l'adulte. Chargée de collecter et d'analyser les conduites pour inférer et modéliser les processus profonds par lesquels l'intelligence parvient à maîtriser divers domaines notionnels (espace, temps, nombre...), la psychologie prendra chez Piaget un statut d'instrument au service de la problématique épistémologique. C'est dans ce cadre que sera échafaudée une *théorie générale de l'intelligence* et de son développement dont nous limiterons la présentation aux trois aspects généraux : la nature biologique de l'intelligence, ses structures et leur processus de construction.

Les processus psychologiques de l'intelligence prolongent les adaptations biologiques et en constituent la forme supérieure. A travers les conduites tant sensori-motrices que mentales se réalisent des échanges fonctionnels entre le sujet et son milieu ; selon des termes empruntés à la biologie, ces échanges sont régis par un double mécanisme : l'*assimilation* et l'*accommodation*. L'assimilation désigne une action du sujet sur le milieu : de même que l'organisme se nourrit de données d'entrée (aliments) en les transformant en substances assimilables au moyen des sucs digestifs, la vie psychologique comporte une activité d'incorporation et de transformation des informations venant du milieu. Réciproquement, le milieu pouvant présenter des résistances, il entraîne une modification de l'organisme ou du système cognitif, soit une activité d'accommodation permettant d'élaborer de nouveaux moyens d'assimilation. L'adaptation est définie par la réalisation d'un équilibre entre l'assimilation et l'accommodation dans les échanges sujet-objet. Sous ce point de vue biologique, l'intelligence est une activité de l'organisme qui, au travers de ses interactions avec le milieu, parviendra à élaborer des instruments de connaissances — les opérations logiques — assurant l'état d'équilibre le plus poussé.

Au cours du développement, l'individu améliore ses échanges avec le milieu grâce à la construction d'instruments cognitifs de plus en plus élaborés. Prenons quelques exemples de conduites réalisées à plusieurs années d'intervalle par un enfant. Bébé, il parvient à saisir des objets divers (son hochet, la main d'un adulte...) plus ou moins éloignés, à les porter à la bouche et à les sucer plus ou moins gloutonnement. Plus tard, vers 7-8 ans, lorsqu'on transforme une boulette de pâte à modeler en un boudin allongé ou que l'on verse la même quantité de liquide dans un autre verre plus étroit, il en viendra à reconnaître qu'en dépit de ces manipulations la quantité de matière s'est conservée.

Dans ces diverses adaptations, le sujet réussit à coordonner plusieurs actions matérielles (voir l'objet, tendre le bras, attraper l'objet avec sa main...) ou à composer plusieurs actions mentales (penser que le transvasement du liquide dans un verre plus étroit ne modifie pas la quantité puisqu'on peut annuler ce transvasement en reversant le liquide dans le verre initial, combiner mentalement la transformation de la hauteur et celle de la longueur pour la pâte à modeler....). Pour Piaget, les conduites du jeune enfant (illustrées ici par les exemples de préhension) sont organisées par des *schèmes* de coordination de type sensori-moteur. La pensée de l'enfant plus âgé (exemplifiée par les activités de conservation) consiste, au même titre que l'intelligence sensori-motrice, en actions, mais en actions intériorisées et composables : les *opérations* intellectuelles portant sur des objets ou sur des concepts.

Les schèmes ou opérations sont donc les instruments de l'adaptation psychologique qui assurent la compréhension en acte puis en pensée des propriétés du réel. En effet, selon Piaget, "connaître un objet ou un événement, c'est les utiliser en les assimilant à des schèmes d'action" (1967, p. 22). Il les définit également comme "ce qui, dans l'action, est transposable, généralisable ou différenciable d'une situation à l'autre, autrement dit ce qu'il y a de commun aux diverses répétitions ou applications de la même action" (p. 23). Ce qui est commun à plusieurs conduites, telles celles de préhension ou de conservation évoquées ci-dessus, est leur structure.

Une structure cognitive n'est pas une collection d'éléments indépendants ; c'est un système de transformations (actions) comportant des lois de composition, de mise en relation des éléments constitutifs qui, antérieurement dans la genèse, étaient isolés les uns des autres. Autrement dit, Piaget considère qu'à chaque période du développement les connaissances acquises s'organisent en systèmes dont il s'agit de découvrir, par l'analyse structurale, les logiques internes d'organisation.

Au plan de la démarche méthodologique, la psychologie génétique piagétienne fait converger deux méthodes, l'une expérimentale pour établir les faits, l'autre déductive pour les interpréter. Afin de décrire au plus près l'activité logique des enfants confrontés à un problème, les études empiriques n'utilisent pas des tests classiques d'intelligence mais l'observation comportementale et surtout des entretiens menés dans le cadre d'une méthode clinique ou critique. L'expérimentateur, sans se conformer aux exigences de standardisation des questions, invite chaque enfant résolvant un problème (avec support matériel ou verbal) à argumenter ses réponses, lui demande de réagir à des contre-suggestions ou à des avis différents émis par des enfants de son âge. Concernant l'interprétation des conduites ainsi établies, Piaget utilise la logique et les mathématiques pour formaliser les lois d'équilibre interne du système cognitif à chaque stade. Pour lui, les outils logico-mathématiques servent de "miroir de la pensée", c'est-à-dire constituent des modèles abstraits de l'organisation des activités mentales effectives de l'enfant. On trouvera dans *"Pour en savoir plus 3.b"* un exemple d'application de ces analyses structurales.

POUR EN SAVOIR PLUS 3.b

Exemple des structures opératoires concrètes

Piaget, dans ses observations psychologiques, constate qu'à l'époque où l'enfant comprend la notion de conservation (cf. exemples ci-dessus), il parvient également à réussir d'autres épreuves comme l'épreuve dite d'inclusion de classes ou celle de la sériation.

Dans la première, 10 fleurs (par exemple, 2 roses rouges et 8 marguerites jaunes) sont données à l'enfant et on lui demande s'il y a plus de fleurs que de fleurs rouges ; les réponses correctes et argumentées témoignent de la compréhension que l'étendue de la classe (fleurs) dépasse celle de la sous-classe incluse (roses rouges).

Pour la sériation, on fournit à l'enfant des réglettes de tailles différentes et il doit les ordonner sous la forme d'un escalier ; la réussite est obtenue par une méthode systématique consistant à placer d'abord la plus petite des réglettes, puis la plus petite des restantes, etc.

Piaget, structuraliste, démontre qu'au-delà de leur diversité toutes ces conduites nouvelles et d'apparition synchrone (vers 7-8 ans) sont isomorphes

du point de vue de leur organisation interne. Dans tous les cas, la réussite est en effet obtenue par une activité mentale consistant à coordonner une opération intellectuelle et son inverse : annuler en pensée le transvasement du liquide en le reversant dans le verre de départ pour la conservation ; coordonner les relations "plus grand que" et "plus petit que" pour sérier les réglettes ; composer une action mentale additive de réunion des fleurs avec une opération soustractive de dissociation des roses rouges pour répondre à l'épreuve d'inclusion. Cette analyse structurale montre donc que les opérations n'existent pas à l'état isolé mais sont structurées en système d'ensemble.
Les structures opératoires exemplifiées ici et appelées "groupement" en langage logique permettent à l'enfant de comprendre diverses notions relevant notamment du domaine des classes et des relations entre objets. Parce qu'elles portent encore sur des objets matériels, ces opérations de la pensée ont été appelées les opérations concrètes. Elles caractérisent l'un des quatre principaux stades du développement de l'intelligence, à savoir les stades de l'intelligence sensori-motrice, pré-opératoire, opératoire concrète et formelle.

Ce niveau d'analyse a permis de dégager différentes structures[6] qui expliquent la cohérence de l'action et de la pensée à divers moments de la genèse ainsi qu'une hiérarchie intégrative des structures au sens où les schèmes et opérations construits à un stade donné vont servir de base à la structure suivante.

Mais quels facteurs et mécanismes expliquent ce développement ? Si Piaget admet que la maturation du système nerveux (facteur biologique) ou encore que les relations interpersonnelles (facteur social) sont des conditions du développement intellectuel, la cause principale en est attribuée au *processus d'équilibration*. La théorie de l'équilibration (Piaget, 1975) trouve des éléments fondateurs dans la biologie, en particulier dans la thèse de l'embryologiste Waddington. Selon cette thèse, un organisme en développement atteindrait un état final d'équilibre (homéostasis) en suivant des chemins nécessaires (appelés créodes), car son processus de formation (homéorhésis) "s'il est dévié de sa trajectoire sous des influences extérieures, est conduit à la rejoindre par un jeu de compensations" (p. 39). La formulation piagétienne de la théorie de l'équilibration a été également influencée par les recherches de la cybernétique dont nous parlerons plus loin (voir § 3.2.).

Pour Piaget, le système cognitif considéré comme un organe vivant vise à maintenir son organisation interne grâce à une activité d'autorégulation. En tant qu'instrument d'adaptation, ce système est ouvert sur le milieu et, à ce titre, est soumis à des perturbations extérieures : les schèmes actuellement disponibles chez le sujet ne permettent pas d'accommoder le réel (par exemple, le schème de préhension directe ne permet pas au bébé d'atteindre un objet situé à distance). Pour dépasser ce déséquilibre, sont mis en œuvre des mécanismes de régulation, c'est-à-dire des activités permettant de corriger et de modifier des actions antérieures à partir de la prise en compte de leurs résultats. Les régulations ne conduisent pas simplement à une adaptation locale et momentanée, mais à un nouvel état d'équilibre du système cognitif, meilleur que le précédent, grâce à la construction de schèmes plus puissants. Ces régulations compensatrices sont indissociables de prises de conscience et d'abstractions. Par ces activités et au cours du développement, les schèmes des conduites sensori-motrices deviennent des objets de représentation mentale et des objets de réflexion pour la pensée. Ces activités permettent de reconstruire et de réorganiser au niveau des conduites opératoires les relations logiques implicitement présentes dans l'action. C'est ainsi, par exemple, que les coordinations purement sensori-motrices permettant au jeune enfant d'ordonner en une pyramide des cubes de tailles différentes seront reconstruites plus tard sous la forme d'opérations mentales assurant la compréhension de la notion d'ordre et des principes de sériation.

Le processus d'équilibration et ses mécanismes rendent compte de la formation des structures opératives de la connaissance. Concernant les autres fonctions cognitives chargées d'enregistrer et de représenter les états du réel (aspects figuratifs), Piaget subordonne leur organisation et leur développement aux schèmes et aux opérations intellectuelles. Il en est ainsi de la perception, mais aussi des différentes manifestations de la fonction sémiotique permettant d'évoquer des objets absents du champ perceptif comme les images mentales, la mémoire, le langage. Cette relation de dépendance est attestée par le fait que les produits figuratifs se modifient en fonction du développement opératoire : par exemple, la reconstitution de mémoire d'une série ordonnée de baguettes évolue avec la maîtrise de la sériation (Piaget et Inhelder, 1963).

En résumé, la psychologie génétique piagétienne a pour objet ce que Cellerier (1979) appelle "la transformation épistémique, la construction de la connaissance à partir de l'action, c'est-à-dire la reconstitution des étapes intermédiaires de la construction et l'inférence du mécanisme de la transformation de l'action en connaissance" (p. 89). Si les structures décrivent les organisations cognitives à chaque étape développementale, les mécanismes de l'équilibration constituent les fonctionnements assurant les transitions. Au plan épistémologique, la théorie piagétienne s'inscrit dans une conception constructiviste et interactionniste de la connaissance (les structures de l'intelligence s'élaborent à travers leur propre fonctionnement lors des interactions du sujet avec le milieu). Par cette épistémologie, Piaget s'oppose tant au point de vue empiriste-associationniste qu'au point de vue préformiste. Sa critique de l'empirisme porte sur le fait que la connaissance ne peut être une copie d'origine sensorielle du milieu, puisque le sujet transforme les données extérieures en les assimilant à ses schèmes. L'empirisme oublie donc l'activité du sujet dans la formation des connaissances. Au même titre, Piaget remet en cause le schéma behavioriste S-R en raison de l'association mécanique et passive qu'il comporte. Concernant le préformisme et plus particulièrement la Gestalt théorie, Piaget remet en cause l'hypothèse de structures qui seraient en quelque sorte inscrites dans l'organisme, fournies toutes faites à la naissance. Pour lui, il ne peut y avoir de structure sans genèse. Preuve en est que sur le terrain même de la perception, y compris au simple niveau des illusions perceptives, Piaget a pu démontrer des modifications en fonction de l'âge et de l'évolution de l'activité intellectuelle. Il contredit ainsi la thèse de "*gestalts*" générales et physiques qui, par définition, sont supposées invariantes au cours du développement.

2.1.3. Bartlett et la notion de schéma

Sir Frederic C. Bartlett (1886-1969) a été professeur de psychologie expérimentale à l'Université de Cambridge. Deux ouvrages illustrent sa contribution à la psychologie cognitive : *Remembering* (1932) et *Thinking* (1958).

De façon générale, Bartlett concevait le sujet humain comme un sujet actif manifestant un constant "effort vers la signification" et tentait d'étudier les processus cognitifs dans des situations complexes proches des situations naturelles.

Dans le domaine de la mémoire, il a montré que le rappel d'un matériel nouveau fait l'objet d'activités de sélection, d'organisation et de rationalisation de sorte que le matériel appris soit cohérent avec les connaissances antérieures du sujet. Il a proposé le concept de *schéma* pour désigner la structure assimilatrice qui transforme les données d'entrée et a proposé de définir le schéma comme "une organisation active des réactions passées qui opère sur toute réponse bien adaptée" (1932, p. 201). Au plan empirique, peu convaincu par les études sur la mémoire utilisant des syllabes sans signification, il a utilisé des supports constitués d'histoires ou de contes populaires. Ces histoires étaient lues à des sujets n'appartenant pas à la même culture que celle dont était issu le conte, selon la méthode de reproduction sérielle consistant à rappeler la même histoire au cours d'essais successifs. Les changements et altérations qui affectent le conte présentent des caractéristiques systématiques qui traduisent l'assimilation de l'histoire à des schémas internes fondés sur les connaissances et expériences passées des sujets. De même, le rappel d'images peut être modifié par l'interprétation qu'en fait le sujet (voir un exemple dans *"Pour en savoir plus 3.c"*)

Dans le domaine du raisonnement et de la résolution de problème, les structures cognitives assimilatrices interviennent pour structurer les données de l'environnement, pour combler les lacunes en cas de données incomplètes, pour anticiper les données et actions futures. Dans certains cas, l'activation de ces structures peut produire un transfert négatif par une assimilation inadéquate d'une nouvelle situation à une situation antérieure. Ainsi, étudiant le problème DONALD + GERALD = ROBERT dans lequel il faut remplacer chaque lettre par un chiffre de telle sorte que l'addition soit correcte, Bartlett (1958) note qu'une des difficultés des sujets provient de l'utilisation de la méthode habituelle de résolution de l'addition (calculer les colonnes de droite à gauche) non adaptée à la résolution de ce problème.

POUR EN SAVOIR PLUS 3.c

Rappel de dessins
Carmichael, Hogan, et Walter (1932)

Carmichael et *al.* présentent aux sujets des dessins stylisés et donnent un nom à chacun des dessins pour orienter l'interprétation des sujets. Par exemple, pour le premier dessin ci-dessous, ils disent à la moitié des sujets : "Ce dessin ressemble à des lunettes", et à l'autre moitié des sujets : "Ce dessin ressemble à des haltères". Puis les sujets sont invités à reproduire les dessins qu'ils ont vus de mémoire. On constate que leur reproduction est influencée par la dénomination énoncée par l'expérimentateur, c'est-à-dire qu'il y a assimilation à un schéma (ici, les noms des objets).

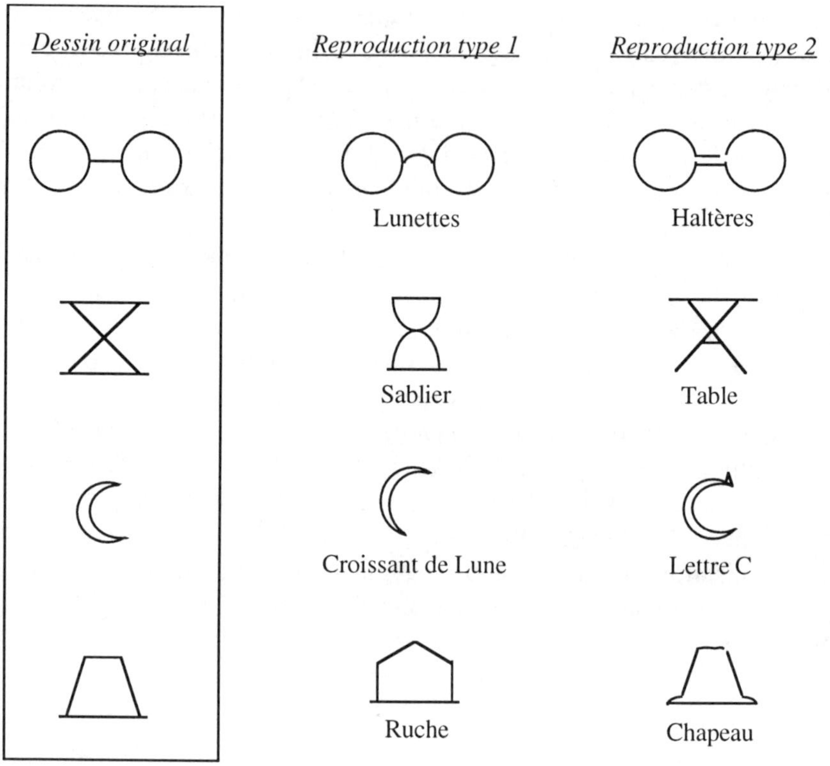

En résumé, les propositions théoriques de Bartlett préfigurent sur plusieurs plans les conceptions contemporaines de la psychologie cognitive[7]. Le peu d'écho qu'ont rencontré ses recherches à son époque tient sans doute au caractère peu formalisé de son cadre conceptuel et de sa démarche. Si certaines de ses analyses présentent des similarités avec les travaux des gestaltistes (par exemple, sa notion de transfert négatif et la notion de fixité fonctionnelle chez Duncker), les schémas de Bartlett, contrairement aux formes de la Gestalt, se construisent à travers l'histoire individuelle et culturelle du sujet ; ce sont des structures de connaissances fondées essentiellement sur l'expérience.

2.2. Les variables intermédiaires de la psychologie américaine

Si la Gestalt théorie et la théorie piagétienne se sont constituées et développées en marge du behaviorisme, des remises en cause et des évolutions vont également apparaître, dès les années 30, à l'intérieur même du behaviorisme. Contrairement à Hull dont la théorie de l'apprentissage maintient un point de vue associationniste (chapitre II), Tolman va ouvrir la voie à une conception cognitive de l'apprentissage. Puis, prolongeant et dépassant l'œuvre de Tolman, des psychologues vont se centrer, au cours des années 40 et 50, sur l'analyse des activités mentales d'organisation et de signification que les hommes imposent aux données de leur environnement. Les travaux de Bruner et de ses collègues illustreront cette évolution.

2.2.1. Tolman et l'approche cognitive de l'apprentissage

Contemporain de Skinner et de Hull, Edward Chace Tolman (1886-1959) a suivi une formation en électrochimie au Massachusetts Institute of Technology, puis soutenu une thèse en 1915 au département de Philosophie et de de Psychologie de l'Université de Harvard. Durant sa formation, il a passé un mois chez Koffka lors d'un séjour en Allemagne. L'essentiel de sa carrière d'enseignant-chercheur s'est déroulée à l'Université de Berkeley. Outre ses publications scientifiques, une part de son activité a été consacrée à la défense des droits civiques et de la paix.

Dès 1932, Tolman publie un ouvrage centré sur l'apprentissage et intitulé *Purposive behavior in animals and men*. Le titre même de cet ouvrage indique la perspective fonctionnaliste de l'auteur : étudier comment le comportement est le résultat d'une organisation interne orientée par l'atteinte d'un but (*purpose*). Pour introduire cette organisation interne dans le schéma behavioriste S-R, Tolman est amené à définir des *variables intermédiaires*[8]. Comme Hull, Tolman souligne la nécessité d'opérationnaliser ces variables, mais il s'en distingue par la nature des variables intermédiaires invoquées. La conceptualisation de celles-ci emprunte à la théorie gestaltiste la notion de structure. Pour Tolman, l'apprentissage implique l'élaboration d'unités ou de structures appelées *sign gestalt expectation*. Ces structures mentales organisent un ensemble d'informations, des événements "signe" (indices extéroceptifs et proprioceptifs), un "signifié" (le but, par exemple la nourriture) et un moyen reliant les deux, à savoir les réactions comportementales. Avec la répétition, les indices perceptifs, neutres au départ, acquièrent une signification pour le sujet et orientent ses réponses en fonction du but. Une fois élaborées, ces structures constituent des attentes ou "expectations" du sujet, c'est-à-dire qu'elles lui permettent d'anticiper la suite des signes et des réactions intégrés dans une structure. Sur ce point, Tolman se distingue fondamentalement du behaviorisme :

— à un sujet réactif, il oppose un sujet cognitivement actif qui anticipe ;
— à une approche élémentariste, ou selon sa propre terminologie, une

approche moléculaire — un S et un R considérés isolément —, il oppose une approche molaire où des ensembles de signes et de réactions tirent une signification de la structure ;

— un apprentissage complexe n'est pas une séquence automatisée de comportements (Watson), ni une suite de connexions S-R établies par renforcement (Hull), mais la construction d'une structure mentale.

Comment trancher entre ces propositions théoriques divergentes ? Tolman et ses collègues vont entreprendre une série d'expériences d'apprentissage chez le rat, notamment des apprentissages de labyrinthes. Deux de ces expériences sont rapportées ci-dessous, la première relative à l'apprentissage de lieu (*Pour en savoir plus 3.d*), la seconde relative à l'apprentissage latent (*Pour en savoir plus 3.e*). Une synthèse plus complète de cet ensemble d'expériences peut être trouvée dans Tolman (1948).

POUR EN SAVOIR PLUS 3.d

Expérience de Tolman, Ritchie et Kalish (1946)
Apprentissage de lieu ou apprentissage d'une réponse

Dans cette expérience, le matériel est composé d'un labyrinthe en forme de croix (schéma ci-dessous) construit dans une pièce présentant des indices visuels.

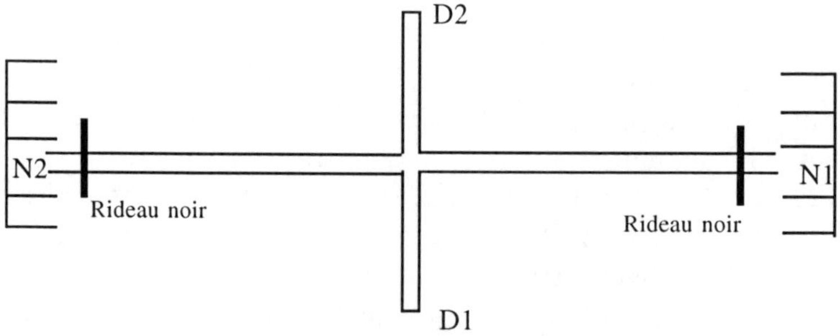

Au cours de l'expérience, tous les animaux sont placés au départ du labyrinthe, alternativement en D1 et en D2. Pour un sous-groupe de rats (N = 8) qu'on appellera le "groupe Tolman", les animaux reçoivent toujours la nourriture sur la même branche du labyrinthe, en N1. Sachant que le point de départ n'est pas toujours le même, ces animaux doivent parfois tourner à droite, parfois tourner à gauche pour se nourrir. Ces animaux apprennent à atteindre un lieu quel que soit leur point de départ. Dans le second sous-groupe (N = 8) ou "groupe Hull", l'emplacement de la nourriture change alternativement en N1 ou N2 en fonction du point de départ D1 ou D2. Les animaux tournent toujours à droite pour atteindre deux lieux-buts différents. Ils apprennent la réponse "tourner à droite". Les rats des deux groupes réalisent 6 essais par jour. Le critère de performance retenu est le nombre d'erreurs, c'est-à-dire le fait de s'engager dans la mauvaise branche du labyrinthe.

Si l'apprentissage se fait par une connexion S-R, le "groupe Tolman" devrait avoir des difficultés pour trouver la nourriture, alors que le "groupe Hull" devrait apprendre plus facilement, puisque la connexion S-R est systématiquement renforcée. En revanche si l'apprentissage consiste en la structuration mentale d'indices (représentation mentale de la topographie du labyrinthe et du but) ou carte cognitive, l'apprentissage du "groupe Tolman" devrait être facilité.

Que croyez-vous qu'il arriva ? Eh bien, ce fut le "groupe Tolman" qui gagna. Tous les rats de ce groupe apprennent rapidement à atteindre systématiquement le but, alors que, sur les 8 animaux du "groupe Hull", 5 d'entre eux commettent encore systématiquement des erreurs au bout de 72 essais. En outre, au 13e essai, le chemin N1-N2 est inversé pour les rats du "groupe Tolman", de telle sorte que le parcours conduisant à la nourriture est inversé. Ce changement n'affecte pas leur comportement, comme le montre la courbe d'erreur ci-dessous.

Evolution des erreurs selon le type d'apprentissage

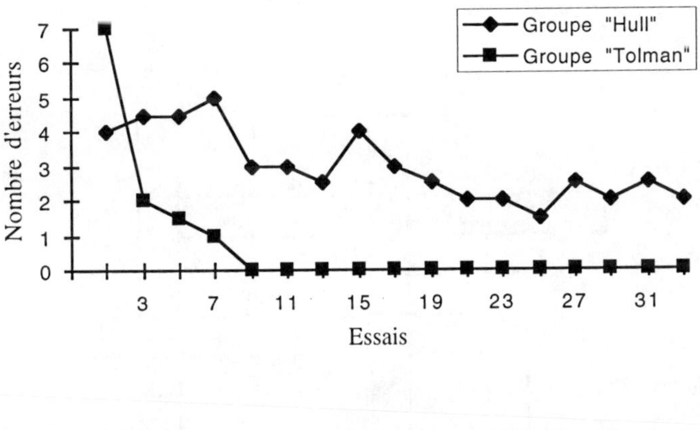

Cette expérience confirme donc le processus d'apprentissage supposé par Tolman. Il faut noter cependant que les résultats d'expériences ultérieures vont dans le sens de la coexistence des deux types d'apprentissage, leur efficacité relative dépendant des facteurs de la situation (richesse des indices perceptifs, par exemple).

A travers le résumé de cette expérience, on peut identifier quelles sont, pour Tolman, les conditions de formation d'une *sign gestalt expectation*. Comme dans les théories précédentes de l'apprentissage, elle dépend de l'exercice, c'est-à-dire de la répétition de la séquence des événements signe-signifié-réaction. En revanche, Tolman s'oppose à la thèse de Hull pour qui la réduction du besoin est une condition nécessaire à l'apprentissage. Dès 1929, Blodgett montrait qu'en l'absence de nourriture, des rats apprenaient quelque chose, mais que cet apprentissage ne se manifestait qu'après introduction de la nourriture. Blodgett a appelé ce type d'apprentissage "l'apprentissage latent".

POUR EN SAVOIR PLUS 3.e

Expérience de Tolman et Honzik (1930) *in* Tolman (1948)
Expérience d'apprentissage latent

Sur une période de 17 jours, on fait apprendre à des rats un labyrinthe comportant des impasses. Trois groupes de rats sont constitués : le groupe 1 ne trouve jamais de nourriture (SN) ; le groupe 2 trouve chaque jour de la nourriture au lieu-but (AN) ; le groupe 3 ne reçoit de nourriture qu'à partir du 11e jour (NR). Pour chaque animal et à chaque essai quotidien, on note le nombre d'erreurs de parcours (engagement de l'animal dans une impasse) et on calcule un nombre moyen d'erreurs par groupe et par jour.

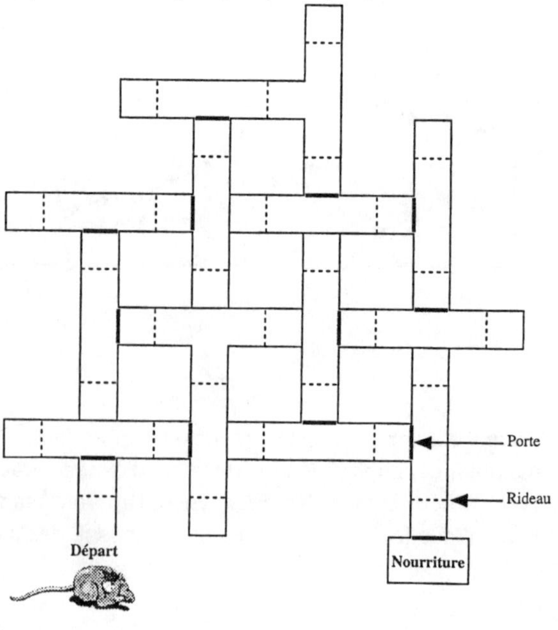

Courbe d'erreurs d'apprentissage du labyrinthe chez le rat

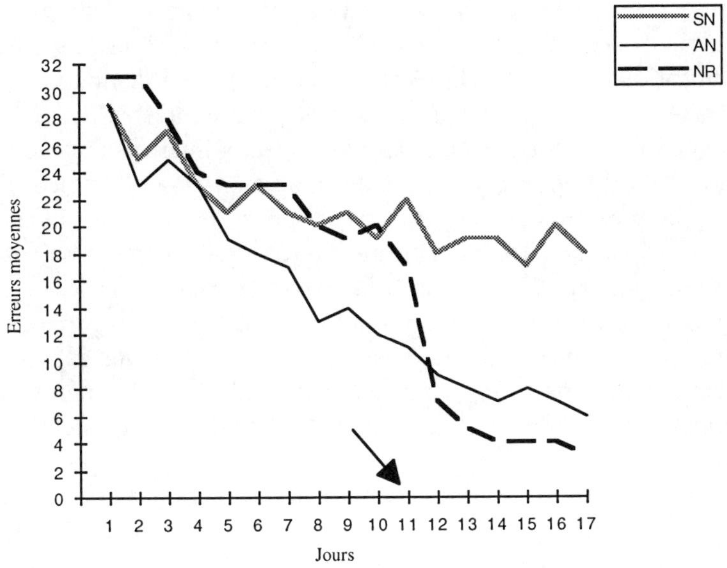

La comparaison des courbes d'apprentissage ci-dessus montre qu'au cours des 10 premiers jours, la diminution du nombre d'erreurs est la plus forte dans le groupe 2 (AN). Dès le 12e jour, le groupe 3 (NR), qui a reçu de la nourriture la veille dans le labyrinthe, voit son nombre d'erreurs chuter brusquement, au point que leurs erreurs deviennent moindres que celles du groupe 2. En revanche, le nombre d'erreurs produit par le groupe 1 (SN) diminue très faiblement au cours des 17 jours.

L'augmentation brusque des performances du groupe ayant reçu la nourriture le 11e jour montre que les rats de ce groupe ont construit une carte cognitive du labyrinthe en l'absence de tout renforcement les jours précédents. Cet effet différé est la manifestation d'un apprentissage latent. Ce premier résultat va à l'encontre de la thèse de Hull sur la réduction du besoin. En revanche, l'absence de progrès du groupe sans nourriture montre que l'obtention de nourriture est une condition nécessaire pour que la carte cognitive soit utilisée efficacement. Cependant, l'obtention de nourriture le 11e jour ne fonctionne pas comme un renforçateur au sens de Hull, car le progrès de ce groupe est trop rapide. Elle vient confirmer la validité de la carte cognitive construite lors des essais antérieurs.

En résumé, Tolman propose une explication cognitive de l'apprentissage. A une conception du comportement fondé sur des connexions S-R, il oppose une conception du comportement basé sur des structures signifiantes finalisées (notion de *carte cognitive*). Si Tolman reprend l'idée d'organisations internes à la Gestalt théorie, il s'en distingue sur le fait qu'elles ne sont pas préétablies, mais construites à travers l'activité du sujet pour atteindre des buts. Avec le recul, on peut s'interroger sur le choix de tester sa conception cognitive sur des animaux, essentiellement des rats, plutôt qu'auprès de sujets humains développant des activités mentales plus complexes. Peut-être Tolman pensait-il que si sa conception prévalait chez des organismes "simples", a fortiori devait-elle valoir pour des organismes plus complexes. En outre, il apportait la controverse directement dans le domaine d'étude privilégié du behaviorisme (l'apprentissage) en utilisant les mêmes supports expérimentaux (labyrinthes) et la même méthode (expérimentale). Comme le montrent les exemples précédents d'études empiriques, l'organisation des observations était conçue pour tester une alternative entre deux hypothèses behavioriste et cognitive. En ce sens, les résultats de ses travaux pouvaient difficilement être ignorés par les behavioristes. Aussi, quelle que soit leur obédience théorique, les chercheurs de cette époque n'hésitaient pas à dupliquer et à généraliser les travaux princeps : en 1951, Thistlethwaite recensait déjà 35 répétitions, avec des variantes, de l'expérience sur l'apprentissage latent de Tolman et Honzik.

2.2.2. L'approche fonctionnaliste de Bruner

Jerome S. Bruner est né en 1915. Après un doctorat de psychologie à l'Université de Harvard, il a réalisé l'essentiel de sa carrière dans la même université. A cette étape de notre parcours, nous retiendrons de ses nombreux travaux sa participation au mouvement fonctionnaliste américain dans l'étude de la perception et sa contribution à l'analyse de l'activité de catégorisation.

Pour comprendre l'orientation du mouvement fonctionnaliste (encore appelé Ecole du New Look), revenons un peu en arrière, à la Gestalt théorie. Le lecteur se souvient que, pour les Gestaltistes, la perception de totalités organisées est déterminée essentiellement par les propriétés des stimuli (lois de la bonne forme) et par des lois d'équilibre qui régissent conjointement les mondes physique, physiologique et mental. Les fonctionnalistes vont critiquer cette conception en arguant qu'elle néglige l'activité du sujet qui perçoit. Pour eux, dans la perception, interviennent non seulement des déterminants structuraux — qui tracent les limites structurales de nos perceptions —, mais surtout des déterminants comportementaux qui, s'ils ne sont pas directement perceptifs, affectent cependant nos perceptions, telles la motivation, les expériences antérieures, les émotions. En reprenant Reuchlin (1977), on peut dire que pour les fonctionnalistes "l'objet perçu est une construction, un ensemble d'informations sélectionnées et structurées en fonction de l'expérience antérieure, des besoins, des intentions de l'organisme impliqué activement dans une certaine situation" (p. 80). Comme le montre l'exemple d'étude empirique présenté ci-dessous (*Pour en savoir plus 3.f*), les psychologues de ce courant vont s'attacher à montrer le rôle de ces déterminants comportementaux sur les performances perceptives (pour une présentation plus détaillée des travaux de l'école fonctionnaliste, le lecteur pourra consulter Bruner et Anglin, 1973 et en français Delorme, 1982).

POUR EN SAVOIR PLUS 3.f

Valeur attribuée aux objets et perception
Expérience de Bruner et Goodman (1947)

Les auteurs étudient l'influence de la valeur sociale d'un objet sur sa perception. On demande à un groupe de 30 enfants de 10 ans de régler, à l'aide d'une manette, le diamètre d'un cercle lumineux projeté sur un écran de sorte que ce diamètre paraisse égal à celui d'objets ronds qui leur sont présentés. Dans le groupe expérimental (N = 20), les enfants doivent estimer la taille de pièces de monnaie de 1 à 50 cents. Dans le groupe contrôle C (N = 10), les enfants ont à estimer la taille de disques de carton de la même taille que les pièces de monnaie. En outre, dans le groupe expérimental, les auteurs distinguent les enfants issus d'un milieu socioculturel favorisé (P-ER) et les enfants issus d'un milieu défavorisé (P-EP).

Estimation de taille des pièces et cartons

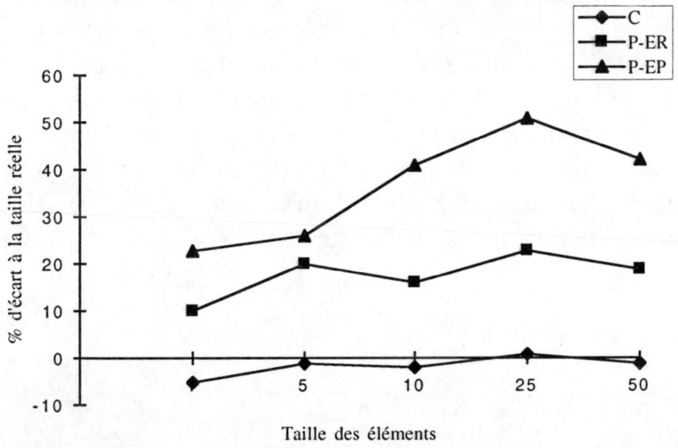

Alors que les enfants du groupe contrôle estimant la taille des cartons sont proches de la réalité, les enfants des groupes expérimentaux surestiment la taille des pièces de monnaie, et ce d'autant plus qu'ils sont issus d'un milieu défavorisé.

Pour articuler les faits empiriques recueillis, Bruner (1951) propose une formulation cognitive des processus perceptifs. Cette formulation, appelée "*théorie de l'hypothèse*", suppose trois étapes successives : la formulation d'hypothèses sur le stimulus ; le recueil d'informations sur ces hypothèses ; l'acceptation ou le rejet de celles-ci. Supposons qu'on présente une image ambiguë à un sujet. Il fait l'hypothèse que c'est un gâteau, il cherche dans l'image des indices qui caractérisent les gâteaux (ou qui à l'inverse, ne les caractérisent pas du tout) et, en fonction des données recueillies, soit il conserve son hypothèse, soit il en formule une autre. Au départ, le "choix"[9] de l'hypothèse n'est pas aléatoire. La probabilité d'évocation des hypothèses est fonction des différents facteurs comportementaux précédemment énoncés. Ainsi, dans l'exemple ci-dessus, l'hypothèse "gâteau" sera plus probable si le sujet a faim.

Ce résumé sommaire du mouvement fonctionnaliste illustre le changement de perspective de la recherche psychologique par rapport au behaviorisme radical, mais aussi par rapport au neo-behaviorisme de Tolman. L'ambition du psychologue est d'analyser les conduites complexes de l'homme, ce dernier étant conçu comme un sujet actif qui sélectionne et organise les données de l'environnement et qui élabore sa réponse. Cette évolution sera encore plus marquée dans l'ouvrage de Bruner, Goodnow et Austin (1956) intitulé *A study of thinking*. Cet ouvrage qui synthétise un ensemble de recherches sur les processus de catégorisation est considéré par Newell et Simon (1972) comme un des actes majeurs de la psychologie cognitive contemporaine. L'objectif des auteurs est d'étudier "la nature des catégories psychologiques et les stratégies grâce auxquelles les individus parviennent à découvrir les indices qu'ils peuvent utiliser pour inférer la catégorie d'objets ou d'événements qu'ils rencontrent" (p. 231). Une des procédures expérimentales est décrite dans *"Pour en savoir plus 3.g"*.

POUR EN SAVOIR PLUS 3.g

Analyse des stratégies dans une tâche d'identification de concepts Bruner et *al.* (1956)

Le matériel est composé de 81 cartes sur lesquelles des figures géométriques sont représentées. Chaque carte peut varier sur quatre attributs, chaque attribut pouvant prendre trois valeurs : forme (rond, carré, croix), couleur (rouge, vert, noir), nombre de figures (1, 2, 3) et nombre de bordures autour de la carte (1, 2, 3). A partir de ce matériel, on peut définir une multitude de concepts ou catégories, par exemple “Toutes les figures noires” ou “Toutes les croix vertes”.

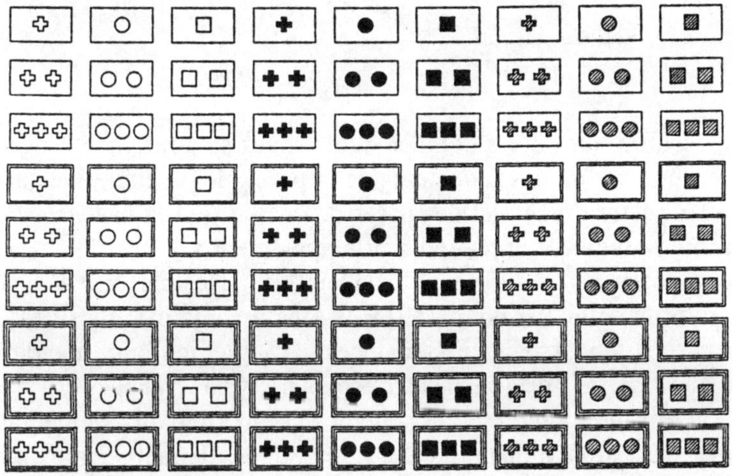

La procédure est la suivante : après avoir expliqué au sujet, sur un exemple, ce qu'est un concept et lui avoir fait désigner (par exemple, montrer toutes les croix vertes), on lui explique la tâche qu'il va avoir à réaliser. L'expérimentateur a un concept en tête et certaines des 81 cartes illustrent ce concept, d'autres non. La tâche du sujet consiste à déterminer quel concept l'expérimentateur a en tête. Pour cela, on montre au sujet une première carte qui illustre le concept. Ensuite, le sujet doit choisir successivement des cartes, une à la fois dans l'ordre où il le souhaite, pour tester ses hypothèses sur le concept et, après chaque choix, l'expérimentateur répond si la carte choisie est un exemple ou non du concept. Il est demandé d'arriver à découvrir le concept le plus efficacement possible. Les choix successifs des sujets sont notés.

Une stratégie est définie comme la séquence des choix effectués par le sujet pour identifier le concept. Elle concrétise trois types d'objectifs : (1) maximiser l'information obtenue à chaque choix, (2) maintenir la charge cognitive à un niveau acceptable, (3) réguler la prise de risque d'atteinte ou non de la solution. Ainsi, parmi les quatre stratégies idéales identifiées par les auteurs, une stratégie appelée *conservative focusing* consiste à ne faire varier qu'un attribut à la fois, alors qu'une autre stratégie appelée *focus gambling* consiste à faire varier plusieurs attributs à la fois. La première stratégie est peu risquée (en l'appliquant systématiquement, on finit par arriver à la solution) et peu coûteuse (une seule information est traitée à la fois), mais elle est longue. La seconde au contraire peut permettre d'arriver à la solution très rapidement (elle maximise l'information si la réponse de l'expérimentateur est "oui"), mais elle est plus risquée et plus coûteuse. Dans leur ouvrage, les auteurs analysent les stratégies effectivement utilisées par les sujets et leurs variations sous diverses conditions expérimentales : types de concepts, quantité d'informations fournies, contraintes cognitives.

En résumé, on peut s'étonner que Bruner soit rarement cité dans les manuels comme un des fondateurs de la psychologie cognitive car *A study of thinking* jette l'essentiel des bases de ce que sera la psychologie cognitive contemporaine. On retiendra principalement :

— la nécessité de dépasser l'examen des seules performances (atteinte ou non de la solution) pour décrire les règles organisatrices des comportements sous-tendant ces performances. Il s'agit bien ici d'une description car la question de l'origine des stratégies n'est pas traitée.

— la prise en compte de la suite des comportements élémentaires (ici, le choix des cartes à chaque pas), non comme éléments isolés d'analyse, mais comme un tout finalisé par une pluralité d'objectifs (stratégie). De ce fait, un comportement pris isolément n'est plus nécessairement considéré comme une erreur, car il prend une signification dans la stratégie d'ensemble du sujet.

— l'intérêt d'une analyse de la tâche, c'est-à-dire l'élaboration d'un modèle de l'activité pour une tâche et un contexte donné. Dans le cadre de l'identification de concepts, Bruner et *al.* ont décrit préalablement les stratégies possibles et les ont évaluées selon les trois objectifs (de maximisation d'informations, de maintien de la charge et de régulation du risque) en fonction des conditions expérimentales. Un tel modèle de l'activité sert de grille de décryptage des séquences comportementales des sujets et permet de comparer les stratégies effectives et les stratégies idéales définies a priori.

— la possibilité d'inférer des règles organisatrices des comportements qui ne sont pas nécessairement conscientes. Comme le soulignent les auteurs, “souvent les sujets étaient incapables de nous dire de manière cohérente comment ils avaient procédé bien que la séquence de leurs comportements montre les traits systématiques d’un ordre régulier” (p. 241).

Au terme de cette partie non exhaustive consacrée à l’émergence et au développement de la psychologie cognitive, le tableau que nous venons de brosser peut paraître quelque peu disparate. Le lecteur doit toutefois garder à l’esprit que les recherches évoquées couvrent une trentaine d’années au moins et qu’elles n’étaient pas organisées par un paradigme fédérateur tout en ayant à faire face au paradigme behavioriste dominant, surtout aux Etats-Unis. Malgré l’hétérogénéité de ces travaux, il est possible de dégager leur contribution à l’émergence du paradigme cognitiviste tant au plan du niveau d’analyse que des méthodes d’études des faits psychologiques.

Tous ces chercheurs ont en commun de rejeter l’analyse élémentariste et/ou associationniste du behaviorisme au profit d’une approche plus globale ou structurale des phénomènes psychologiques. Dans sa recherche de lois comportementales simples le behavioriste est en effet contraint d’isoler un stimulus et une réponse des ensembles complexes qu’ils constituent. Au contraire, les auteurs précédemment examinés abordent situations et conduites comme des totalités organisées d’éléments, comme des systèmes. Pour eux, la psychologie doit élaborer des théories sur les processus ou les organisations internes médiatrices des relations S-R. Cette communauté de point de vue ne doit pas toutefois faire oublier leurs différences conceptuelles et théoriques. Parmi les principales divergences, les gestaltistes défendent l’hypothèse d’organisations qui s’imposent au sujet indépendamment de son activité par le jeu de lois structurales universelles et préformées. A l’opposé, à travers des influences reçues de Tolman et surtout de Bartlett, Bruner considère, comme Piaget, que l’organisation des conduites implique une participation active du sujet, une activité de recherche de signification des situations au moyen de structures cognitives antérieurement construites. Néanmoins, des divergences concernant la nature et les sources de ces structures apparaissent entre ces deux auteurs : catégories ou systèmes proches des schémas de Bartlett organisant la représentation des expériences passées et soumis à l’influence culturelle chez Bruner, opérations logiques intégrant les schèmes d’action et construites par autorégulation du système cognitif chez Piaget.

Au plan méthodologique, ces diverses recherches montrent qu’il n’est pas nécessaire de recourir à l’introspection pour identifier les processus psychologiques. Ceux-ci sont inférés à partir d’observables comportementaux verbaux ou non verbaux recueillis, soit par une méthode expérimentale canonique, soit par observation systématique de la démarche de sujets confrontés à une classe de tâches dont le chercheur a préalablement identifié les exigences cognitives.

3. L'émergence du modèle Traitement de l'Information

Ces propositions vont être reprises et conceptualisées sous le modèle Traitement de l'Information. Ce modèle, élaboré initialement aux Etats-Unis et considéré actuellement comme le modèle dominant en psychologie cognitive, a émergé au contact de diverses disciplines extérieures à la psychologie. Un premier apport provient de la linguistique qui va attaquer le behaviorisme sur un de ses points faibles, l'explication du langage. L'autre apport est issu des mathématiques et de la technologie dont les avancées conceptuelles vont en fait légitimer ou rendre possible une conception du fonctionnement humain différente de celle proposée par le behaviorisme. Il s'agit de la cybernétique, de la théorie mathématique des communications et de l'intelligence artificielle. Nous examinerons les concepts fondamentaux de ces disciplines et la manière dont ils ont été repris en psychologie, à la fois pour se démarquer du behaviorisme et pour formuler de nouvelles conceptualisations des processus psychologiques. Ces échanges interdisciplinaires conduiront à la fin des années 70 à la constitution des sciences cognitives sur la définition de laquelle nous conclurons cette partie.

3.1. Les emprunts à la linguistique

Nous avons vu dans le précédent chapitre que pour Watson et les behavioristes radicaux le langage est ramené à un comportement verbal (mouvements bucco-laryngés) et que l'apprentissage du répertoire verbal, du lexique, se fait par conditionnement, par association entre un objet et le mot. Le linguiste américain Noam Chomsky (né en 1928) a développé une des critiques les plus acerbes du behaviorisme à travers sa conception du comportement verbal. A un niveau général, une telle conception s'accommode mal de la nature foncièrement novatrice des productions langagières : tout être humain est capable de produire et de comprendre des énoncés qu'il n'a jamais rencontrés auparavant. Comme le souligne Chomsky lors de conférences effectuées en 1967 à l'Université de Californie[10], l'idée selon laquelle "on peut représenter la connaissance qu'a une personne du langage comme réserve de patterns appris par une constante répétition et un minutieux entraînement" (p. 26) ne peut rendre compte du caractère créateur des comportements verbaux, sauf à supposer l'existence d'un nombre astronomique de patterns à stocker. A un niveau plus spécifique, Chomsky a concentré ses critiques sur l'ouvrage de Skinner (*Verbal Behavior*, 1957) proposant une approche fonctionnelle des comportements verbaux. A cette fin, Skinner a généralisé et spécifié au verbal les principaux concepts (stimulus, réponse, renforcement) élaborés pour l'étude expérimentale de l'apprentissage animal. Dans l'article intitulé "A review of B. F. Skinner's Verbal Behavior" (1959), Chomsky met en avant l'incapacité de la conception skinnerienne à rendre compte des faits langagiers et la vacuité théorique ou l'imprécision des notions classiques du conditionnement opérant appliquées métaphoriquement au langage. Prenons quelques exemples de son argumentation.

Rappelons tout d'abord que, pour Skinner, l'acquisition d'un comportement et sa probabilité d'émission sont le résultat de renforcements (cf. chapitre II). Chomsky souligne que l'extension de ce principe explicatif au comportement verbal le vide de tout contenu. Reprenant un ensemble d'exemples de renforcement évoqués par Skinner (depuis l'auto-renforcement du jeune enfant s'amusant à reproduire les bruits d'objets jusqu'au renforcement très indirect du romancier par son public), Chomsky en conclut que "la notion de renforcement a perdu toute espèce de sens objectif (...). On voit qu'une personne peut être renforcée quand elle n'émet pas de réponse du tout, et que le stimulus renforçateur n'a pas besoin de toucher la personne renforcée, ni même d'exister" (p. 27, dans la traduction française parue dans la revue *Langages* en 1969). Par exemple, les présents auteurs produisent un comportement verbal sans recevoir un renforcement (positif !) de lecteurs potentiels.

Chez Skinner, une réponse verbale opérante est déclenchée par des stimuli qui font partie des contingences de renforcement (notion de contrôle par les stimuli). Il prend pour exemple de contrôle par le stimulus le fait que la vision d'un tableau de Rembrandt déclenche l'énoncé verbal "Hollandais". Chomsky rétorque que face à ce stimulus une pluralité de réponses est possible telles que "Je ne l'avais jamais vu", "Dieu, que c'est laid", "Il est tout penché", etc. et que, conséquemment, il est très difficile de prévoir quelles sont les propriétés des objets qui déclenchent un type particulier de réponse.

Dans une contre-critique à l'article de Chomsky, Richelle (1972) met zéro à la copie du linguiste pour incompréhension des thèses skinneriennes ; à propos de cette argumentation, il souligne à juste titre la différence entre une approche formelle du langage (qui vise à rendre compte d'énoncés verbaux possibles) et une approche fonctionnelle des comportements verbaux (qui vise à rendre compte de la probabilité d'émission d'un énoncé verbal particulier dans un contexte donné). On peut cependant s'interroger sur la capacité de la notion de contrôle par les stimuli à répondre à cet objectif fonctionnel. Certes, la probabilité d'une réponse dépend de l'histoire des contingences de renforcement auxquelles le sujet a été exposé : il est peu probable que l'énoncé "Je ne l'avais jamais vu" soit émis par quelqu'un qui a déjà vu le tableau. Mais cette explication peut conduire à des paradoxes illustrés par Chomsky de la façon suivante : "Un locuteur ne répondra de manière appropriée à la requête 'La bourse ou la vie' que s'il a une histoire de renforcement pertinent, c'est-à-dire s'il a déjà été tué" (p. 37, *op. cit.*), puisque, lors de la première confrontation à ce message, le locuteur ne peut le comprendre comme une menace que s'il en a expérimenté le résultat.

Au-delà de ces exemples, Chomsky récuse la possibilité de prédire les comportements verbaux complexes sans analyser la place du locuteur dans leur production, c'est-à-dire "sans une connaissance de la structure de cet organisme, de la manière dont il traite l'information reçue et organise son propre comportement" (p. 17, *op. cit.*). Nous retrouvons ici le point de vue caractéristique de la psychologie cognitive présenté dans la section précédente. La tâche première du linguiste ou du psychologue est de "décrire les phénomènes du langage et de l'activité mentale aussi précisément que possible, de tenter de développer un appareil théorique abstrait qui rendra compte dans la mesure du possible de ces phénomènes et révélera les principes de leur organisation et de leur fonctionnement sans essayer, pour l'instant, de mettre en rapport les structures et les processus mentaux postulés avec des mécanismes physiologiques" (Chomsky, 1968, p. 29)[11].

Pour Chomsky, tout individu connaissant une langue a intériorisé un système de règles permettant de produire et de comprendre une infinité d'énoncés. La tâche du linguiste est de décrire ce système de règles, c'est-à-dire d'élaborer une *grammaire générative* de la langue. Dès 1957, dans *Syntactic structures*, il propose de décrire un énoncé complexe tel qu'une phrase (P) comme une hiérarchie d'unités plus élémentaires. Prenons à titre d'exemple simple la phrase suivante : l'étudiant lit le livre. On peut décrire cet énoncé particulier par un ensemble de règles abstraites permettant de générer tout énoncé de même structure. Une première règle (R1) consiste à réécrire la phrase sous la forme d'un syntagme nominal (SN) et d'un syntagme verbal (SV) :

soit (R1) P ——————> SN + SV

ce qui signifie que, pour produire une phrase P, il faut produire un syntagme nominal suivi d'un syntagme verbal.

Une deuxième règle (R2) consiste à réécrire le syntagme nominal sous la forme d'un article (A) et d'un nom (N) :

soit (R2) SN ————————-> A + N

Une troisième règle (R3) décompose le syntagme verbal (SV) en un verbe et un syntagme nominal :

soit (R3) SV ————————> V + SN

L'application de ces règles peut être représentée sous forme d'arbre indiquant la suite des instructions à effectuer pour générer un énoncé.

Soit l'arbre suivant pour la phrase "L'étudiant lit le livre".

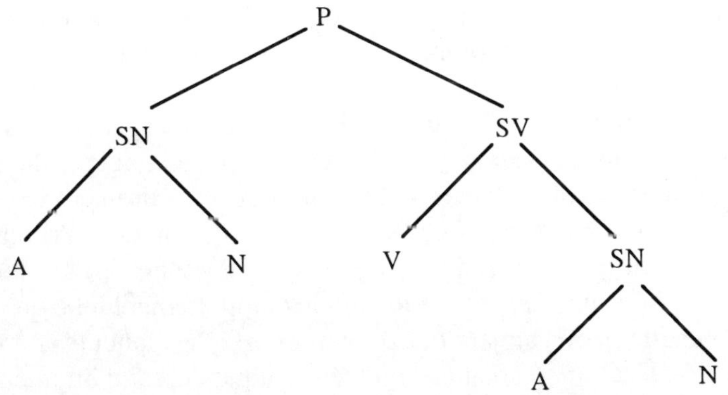

ENTRAINEZ-VOUS

Indiquez sous chaque symbole les éléments de la phrase correspondant à chacun d'eux, ainsi que les règles appliquées à chaque étape.
Voir correction en fin de chapitre, p. 173.

Cette structure permet de générer toute une variété d'énoncés, tel celui pris en exemple, mais aussi, "L'enseignant écrit le livre", "Le livre endort l'étudiant",... Il s'agit ici de règles de réécriture auxquelles Chomsky adjoint des règles complémentaires d'insertion lexicale qui restreignent l'usage des mots de la langue et évitent la production d'énoncés qui n'ont pas de sens, par exemple "Le livre ouvre les portes".

Les éléments brièvement énoncés ci-dessus sont à la base de la première version de la théorie chomskienne d'une grammaire ou structure permettant de générer des énoncés grammaticalement corrects. Le lecteur trouvera des compléments d'information sur l'ensemble de la théorie et l'évolution de sa formulation dans Reuchlin (1977) et Bronckart (1977). Comme l'a fort bien explicité Bronckart (p. 233 et suivantes) et comme l'a exprimé Piaget lui-même (1979), on peut trouver une parenté entre les structures linguistiques de Chomsky et les structures cognitives de Piaget. Cependant, leurs points de vue diffèrent quant à l'origine de ces structures : comme nous l'avons vu, pour Piaget, celles-ci se construisent par le jeu de l'équilibration, alors que Chomsky postule qu'un noyau structurel préprogrammé est nécessaire à l'acquisition d'une grammaire.

En résumé, la linguistique chomskienne propose une formalisation du système de règles d'une langue. Si ce système constitue un des facteurs déterminants des comportements langagiers, il n'a pas pour ambition de prédire la production ou la compréhension d'un énoncé dans une situation particulière. Nous pouvons cependant identifier en psychologie l'influence des propositions de Chomsky à travers l'emprunt analogique du langage de description des comportements. Cet emprunt est clairement exprimé dans *Plans and the structure of behavior* de Miller, Galanter et Pribram (1960), considéré comme l'un des ouvrages fondateurs de la psychologie cognitive. Sous une approche molaire du comportement telle qu'elle a déjà été défendue par Tolman ou Bruner et *al.*, les auteurs soulignent la nécessité de décrire l'organisation hiérarchique du comportement, c'est-à-dire l'emboîtement d'unités comportementales de niveaux de complexité différente. Par exemple, le pattern comportemental d'enregistrement d'un film au magnétoscope inclut au moins deux composants tels que trouver une cassette et programmer le magnétoscope ; chacun de ses composants est lui-même décomposable en actions élémentaires. Ce pattern comportemental est similaire à une phrase. A ce titre, la linguistique fournit un outil de description formelle de l'organisation de tout comportement. En outre, elle conçoit la génération d'énoncés comme l'application d'une suite d'instructions qui peut être assimilée à un programme d'ordinateur, idée qui sera reprise et développée en intelligence artificielle. Miller et *al.* vont transférer ces propositions en psychologie à travers la notion de *plan*. Celui-ci est conçu comme "tout processus hiérarchique qui, dans l'organisme, peut contrôler l'ordre dans lequel une séquence d'opérations doit être exécutée. Un plan, pour un organisme, est essentiellement l'équivalent d'un programme pour un ordinateur" (p. 16). Dans ce cadre, la tâche du psychologue est d'identifier et de formaliser un ensemble de règles nécessaires et suffisantes pour générer une suite comportementale.

3.2. Les emprunts à la cybernétique

Le projet de la cybernétique trouve son origine dans les préoccupations épistémologiques de quelques chercheurs venus de différentes disciplines. Préoccupés par les excès de la spécialisation scientifique qui laissaient inexplorés des domaines à la frontière de plusieurs champs disciplinaires, ils ont mis en place un groupe informel de réflexion et d'échanges qui aboutira en 1943 à la première formulation des concepts de base de la cybernétique. Cet article, intitulé "Behavior, purpose and teleology" et publié dans la revue *Philosophy of Science* a été co-rédigé par Arturo Rosenblueth (physiologiste), Norbert Wiener (mathématicien) et Julian Bigelow (ingénieur). Le terme lui-même de cybernétique ne sera forgé qu'en 1947 à partie d'un mot grec signifiant "l'art de gouverner". D'ores et déjà, mentionnons que la cybernétique traite des "problèmes centrés sur la communication, le contrôle et la mécanique statistique, que ce soit dans la machine ou dans le tissu vivant" (Wiener, 1948, p. 17 de la traduction française)[12]. Est énoncée ici l'ambition d'élaborer un cadre conceptuel commun aux différentes disciplines étudiant des systèmes artificiels ou naturels.

Reprenons les propositions de l'article de 1943 pour préciser ce cadre conceptuel. Les auteurs adoptent une approche comportementale qui "consiste à examiner l'action en sortie de l'objet et les relations de cette sortie avec l'entrée. Par sortie, nous signifions tout changement produit dans l'environnement par l'objet. Par entrée, inversement, nous signifions tout événement externe qui modifie cet objet d'une certaine façon. La spécification précédente de la signification donnée à la méthode d'étude comportementale néglige la structure spécifique et intrinsèque de l'objet" (p. 44 de la traduction française). Puis les auteurs proposent une typologie des comportements les conduisant à définir deux concepts fondamentaux de la cybernétique : le concept de *but* et celui de *feedback*. L'emploi du mot "but" désigne le fait qu'on peut *interpréter* (c'est nous qui soulignons) le comportement d'un objet comme un ajustement visant l'atteinte d'un but, soit une condition finale. En outre, si l'objet effectue l'ajustement de son comportement à partir d'informations qui lui parviennent du but, on dira que le comportement est doté d'un feedback négatif[13], soit à valeur correctrice. Ce dernier concept signifie que le comportement est réglé, contrôlé, par la différence entre l'état momentané de l'objet et l'état but. Dans la terminologie des auteurs, le comportement téléologique est synonyme de comportement dirigé par un but et contrôlé par un feedback négatif.

Au-delà des préoccupations épistémologiques des auteurs évoquées ci-dessus, ce sont les problèmes technologiques de la Seconde Guerre mondiale qui constituent un facteur décisif de cette élaboration conceptuelle. Un exemple de la nature de ces problèmes servira d'illustration des notions cybernétiques. Lorsqu'un missile doit atteindre une cible en mouvement (soit en l'occurrence un avion ennemi), il doit être doté d'un mécanisme de contrôle lui permettant de définir et de corriger sa trajectoire en fonction de celle de la cible. Pour être efficace, le comportement de ce dispositif nécessite d'être dirigé par un but (l'avion) et de disposer d'une boucle de rétroaction ou feedback renseignant le missile sur l'évolution spatio-temporelle de la cible et la sienne propre. Ce dispositif est un exemple de la classe des servomécanismes, terme désignant les machines dirigées par un but.

Comme nous l'avons indiqué, le cadre conceptuel proposé par Rosenblueth, Wiener et Bigelow a un statut transversal utilisable dans la description tant des comportements des machines que des organismes vivants. Le comportement du missile peut être analysé sous le même cadre conceptuel que le comportement d'un chat poursuivant une souris, ou celui d'un enfant essayant d'attraper un pompon au manège, ou celui de Robin des Bois visant le shérif de Nottingham. Contrairement à ce que nos exemples pourraient laisser croire, la description cybernétique ne s'applique pas seulement à des comportements d'ajustement moteur, mais à tout type de comportement : par exemple, l'activité d'un enseignant peut être décrite comme ayant pour but de transmettre clairement de l'information, les réactions de l'auditoire lui servant de feedback pour ajuster son comportement.

Les idées de la cybernétique vont se diffuser et se développer notamment au cours d'une suite de dix conférences organisées sous l'égide de la fondation Macy entre 1946 et 1953. Un coup d'œil sur les participants réguliers des conférences Macy (*in* Dupuy, 1994) illustre la diversité des champs disciplinaires représentés[14].

La cybernétique est souvent associée à une critique du behaviorisme. Cependant, l'examen de l'article de Rosenblueth et *al.* amène à nuancer quelque peu cette conclusion. Tout d'abord, la définition de l'approche comportementale qu'ils adoptent (cf. supra) ne serait pas reniée par un behavioriste watsonien. La cybernétique s'intéresse aux entrées et sorties observables du système, sans se préoccuper de "la boîte noire" pour reprendre une terminologie psychologique. Ce parti pris signifie donc que la cybernétique, dans son cadre conceptuel général, ne s'intéresse pas à la nature des fonctions qui assurent l'ajustement des comportements. En second lieu, le concept de but tel qu'il est formulé en cybernétique n'est pas un concept mentaliste. Le fait qu'un pattern comportemental puisse être interprété comme dirigé par un but n'implique pas que le but soit intentionnel (le missile ne veut pas détruire l'avion). Cette position transparaît clairement lors de la conférence Macy de 1951 au cours d'une discussion opposant Birch à Rosenblueth et Bigelow à propos de la communication. Cette discussion est rapportée comme suit par Dupuy (*op. cit.*, p. 40) : dans son exposé, Birtch compare les communications selon les espèces et aboutit à la conclusion que les "vraies" communications "impliquent anticipation, intentionnalité, symbolisation et requièrent des capacités d'apprendre, de percevoir, de tisser des relations sociales. Rosenblueth explose. Ces distinctions sont privées de sens, explique-t-il en substance. Elles reposent sur des notions : intelligence, conscience, mémoire, apprentissage, anticipation, intentionnalité, contenu, qui renvoient à ce qui se passe dans l'esprit des sujets et ne peuvent faire l'objet d'aucune mesure : elles n'ont aucune pertinence pour le problème de la communication. Les seuls contacts que nous puissions avoir avec les autres passent par leur comportement : c'est la seule chose que nous puissions voir, que nous puissions juger, et qui peut avoir un effet sur nous". Watson n'aurait pas dit mieux !

En dépit de cette parenté qui n'est pas que de surface entre behaviorisme et cybernétique, un certain nombre de psychologues vont utiliser le cadre conceptuel de la cybernétique pour appuyer leur critique du behaviorisme et proposer un nouvel objet d'étude pour la psychologie cognitive. Ce travail de transposition a été effectué pour l'essentiel par Miller, Galanter et Pribram dans leur ouvrage de 1960 (*op. cit.*). Mais, qu'est-ce qui dans les propositions de la cybernétique autorise cette transposition anti-behavioriste ?

En premier lieu, le fait que Rosenblueth et *al.* identifient un comportement téléologique. "Au moment où les psychologues considéraient les termes 'téléologique' et 'non scientifique' comme synonymes, il était surprenant de prendre conscience que des machines puissent chercher à atteindre des buts, à recueillir des informations sur la différence entre leur but et leur performance et œuvrer à la réduction de cette différence" (Miller *et al.*, p. 42). Quel paradoxe : au moment où, par refus du mentalisme, les psychologues behavioristes récusent toute référence à un but dans l'étude du comportement humain, on dote le comportement des machines d'un but !

En deuxième lieu, à travers sa conception de la téléologie, la cybernétique offre la possibilité d'une explication des comportements qui ne se réduit pas à la causalité linéaire de type S-R du behaviorisme watsonien, tout en évitant de retomber dans une explication par les causes finales de la métaphysique.

En troisième lieu, behaviorisme et cybernétique diffèrent dans leur conception de l'ajustement comportemental. Pour les différentes écoles behavioristes, un comportement efficace (atteignant le but) résulte d'associations plus ou moins accidentelles entre S et R *antérieurement* conditionnées ou renforcées. Pour la cybernétique, un comportement efficace provient de rétroactions informatives qui permettent de le corriger *en cours d'action.*

Ces deux dernières différences sont sous-tendues par la notion de feedback qui rend la cybernétique irréductible au behaviorisme. Prenons l'exemple de l'enseignement. Dans l'enseignement programmé skinnérien (chapitre II), il est essentiel d'éviter des réponses incorrectes qui, en langage cybernétique, manifestent un écart au but, parce qu'elles sont inhibitrices de la relation S-R. En revanche, dans la perspective cybernétique, les réponses incorrectes ont une valeur informative permettant en retour d'ajuster le comportement d'étude.

Ces divergences entre behaviorisme et cybernétique vont conduire Miller et *al.* (*op. cit.*) à utiliser en psychologie "l'hypothèse cybernétique" pour définir l'unité d'analyse de tout comportement. A l'unité d'analyse S-R fondée sur le réflexe, ils vont substituer l'unité TOTE qui est l'abréviation de "*Test - Operate - Test - Exit*" schématisée dans la figure ci-dessous.

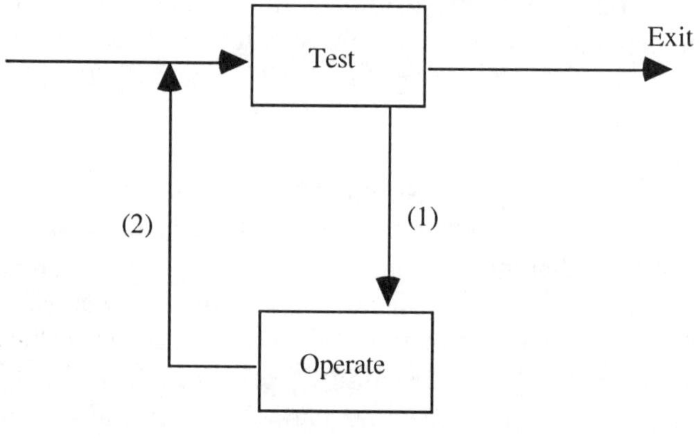

Figure 3.2. Schéma d'une unité TOTE adapté de Miller et al. *(1960, p. 26)*

L'unité TOTE correspond à un pattern comportemental dirigé par un but. Dans le TOTE, la phase de test compare la différence entre l'état-but (par exemple, enfoncer un clou à fleur d'une planche) et l'état actuel (la partie du clou non encore enfoncée). Le résultat de cette comparaison constitue un stimulus ou une information (1) qui va déclencher et contrôler une action (réglage de la hauteur et de la force du marteau) ; c'est la phase "*Operate*". Le résultat de l'action fournit en retour une information (2) sur le nouvel état actuel, qui initie une nouvelle phase de test. L'unité TOTE comporte donc une boucle de feedback générant une suite de phases de test et d'action jusqu'à l'atteinte du but (voir *Pour en savoir plus 3.h* pour un exemple).

POUR EN SAVOIR PLUS 3.h

Application du TOTE à l'activité d'identification de concepts

Reprenons, en la simplifiant quelque peu, la tâche d'identification de concepts étudiée par Bruner et *al.* Le matériel est composé de cartes figurant trois attributs ayant chacun deux valeurs : Forme (cercle, triangle), couleur (blanc, noir), taille (petit, grand). Supposons que le concept à trouver soit "Cercles blancs". On montre au sujet une carte comportant un grand cercle blanc. Le sujet teste la couleur. Il opère le choix de la carte "grand cercle noir". L'expérimentateur lui répond "non" (feedback). Le sujet sait donc que le concept contient la couleur blanc. Puis, il teste la taille en désignant le petit cercle blanc. Le feedback "oui" lui permet de savoir que la taille n'a pas d'importance. Enfin, il teste la forme en choisissant le petit triangle blanc. Grâce au feedback "non", il a découvert le concept choisi par l'expérimentateur.

Le test de chaque attribut constitue une unité TOTE. Dans cet exemple, le feedback n'est pas issu directement du résultat de l'action (comme quand on rate une cible), mais fourni par l'intermédiaire d'autrui (ici l'expérimentateur).

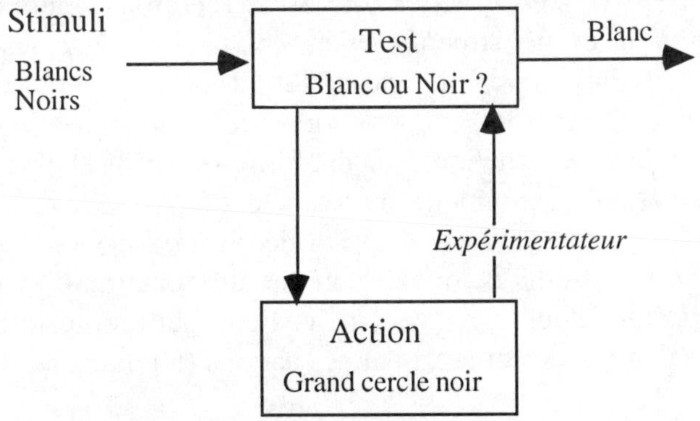

Schéma TOTE appliqué à l'identification de concept

A l'examen de la description du comportement du sujet, nous constatons que l'identification de ce concept a nécessité la réalisation d'une succession de trois TOTEs, chaque TOTE correspondant au test d'un attribut. Cette succession correspond à ce que Bruner et *al.* appelle *"conservative focusing strategy"* consistant à ne faire varier qu'un attribut à la fois. Pour Miller et *al.*, cette succession correspond à un plan que nous avons défini dans la partie précédente. Sous l'objectif de trouver le nombre et la valeur des attributs du concept choisi par l'expérimentateur, le plan contrôle l'exécution de chaque TOTE élémentaire de telle sorte que tous les attributs soient testés une fois et une seule. Un plan est donc un "super TOTE" composé d'une suite organisée d'unités TOTE plus élémentaires ; autrement dit le plan est la structure hiérarchisée d'une conduite.[15]

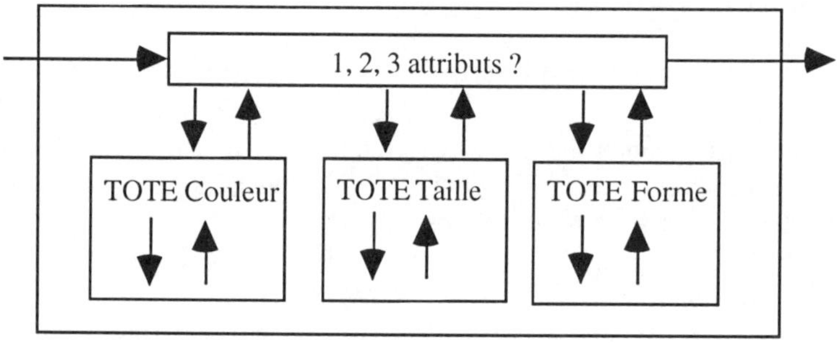

Schéma d'un plan appliqué à l'identification de concept

Pour conclure sur ces emprunts de la psychologie à la cybernétique, nous noterons que si la notion de TOTE est tombée en désuétude, les propositions d'analyse de la conduite formulées par Miller, Galanter et Pribram ont perduré sous d'autres formes. Les notions centrales d'information en retour et de structure hiérarchique de buts/sous-buts sont toujours utilisées dans la psychologie cognitive contemporaine, notamment dans l'approche TI (voir infra). Des propositions analogues, plus directement inspirées de la cybernétique, ont été formulées dans la psychologie du travail d'orientation ergonomique, à travers le modèle de la régulation (par exemple, Faverge et *al.*, 1966). Celui-ci décrit les fonctions attribuées à l'homme dans le système de travail comme une fonction d'évaluation de l'écart entre l'état actuel de ce système et l'état but (comparateur) et une fonction de réduction de cet écart par ses actions (régulateur)[16].

3.3. Les emprunts à la théorie mathématique des communications

Le modèle cybernétique du comportement des objets techniques et des organismes conçus comme des systèmes à régulation (dotés de feedback) exige des échanges d'informations en leur sein et avec leur environnement. Parallèlement au développement de la cybernétique, la question de la formalisation de la notion d'information et de sa mesure a été traitée par plusieurs chercheurs dont Claude Shannon (né en 1916) et son équipe. Partant d'un problème technique relatif à la transmission des communications télégraphiques et téléphoniques (Shannon travaillait dans le laboratoire de la Bell Telephone), il a élaboré une théorie mathématique des communications (Shannon et Weaver, 1949[17]). Cette théorie, dont nous allons rapporter les principaux éléments, est utilisable pour analyser tout échange d'informations, quels qu'en soient le support et la nature. Du fait de sa généralité, elle a été appliquée à l'analyse de différents phénomènes psychologiques comme la perception, le langage, les communications sociales. Son apport durable en psychologie cognitive réside dans la conceptualisation du système cognitif en terme de canal d'information à capacité limitée.

Un système de communication peut être symboliquement représenté de la façon suivante :

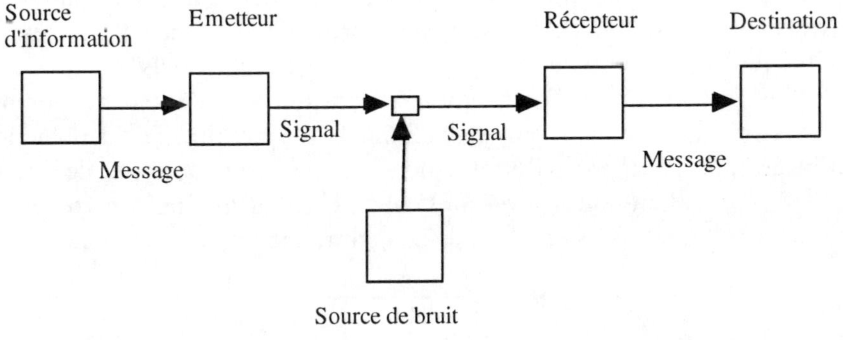

Figure 3.3 Schéma d'un système de communication (Shannon et Weaver, 1949, p. 7)

La source d'information sélectionne un message parmi plusieurs possibles. L'émetteur transforme (ou encode) ce message en un signal transmis au récepteur par un canal de communication. A son tour, le récepteur transforme (ou décode) le signal en message envoyé à destination. Au cours de la transmission du signal, des éléments peuvent se rajouter (comme les parasites dans la transmission radio) et transformer le signal. Ces transformations sont définies comme du bruit. Parmi les principales questions posées dans ce cadre d'analyse, nous en retiendrons deux :

— Qu'est-ce que l'information et comment peut-on la quantifier ?

— Comment peut-on mesurer la capacité d'un canal de communication ?

Une information désigne ce qui contribue à réduire un état d'incertitude concernant l'apparition d'un événement parmi un ensemble d'événements plus ou moins probables. Si sa probabilité d'apparition est forte, son apparition est une information faible, c'est-à-dire que la réduction de l'incertitude n'est pas importante, et inversement si la probabilité est faible. Pour illustrer cette idée, reprenons un exemple proposé par Fraisse (1964) : “un directeur possède trois téléphones ; le premier le relie à sa secrétaire, le deuxième à des services intérieurs au nombre de 10, le troisième à des agences extérieures au nombre de 100 ; quand le premier téléphone sonne, aucune incertitude : le directeur sait que l'appel provient de son secrétariat ; quand le deuxième retentit, le directeur peut s'attendre à l'un des dix services ; enfin, quand l'appel vient du troisième, l'incertitude est plus grande (100 éventualités possibles) et, par conséquent, l'information fournie par l'appel est plus importante. Comme l'indique cet exemple, la notion d'information, dans cette théorie, est distincte de la notion de signification. L'information n'est pas ce qui est véhiculé dans le message (du point de vue de la signification, un message transmis par la secrétaire peut avoir plus de valeur qu'un message venant de l'extérieur), elle est la réduction de l'incertitude relative aux événements potentiels.

Sous cette définition, la quantité d'information se mesure par le nombre d'événements potentiels qui sont éliminés, c'est-à-dire par la réduction d'incertitude qu'apporte l'information. Adaptons un exemple de Miller (1953). Un enfant doit trouver un bonbon caché dans l'un des 16 casiers d'une boîte, un des casiers étant de couleur rouge (cf. schéma ci-dessous).

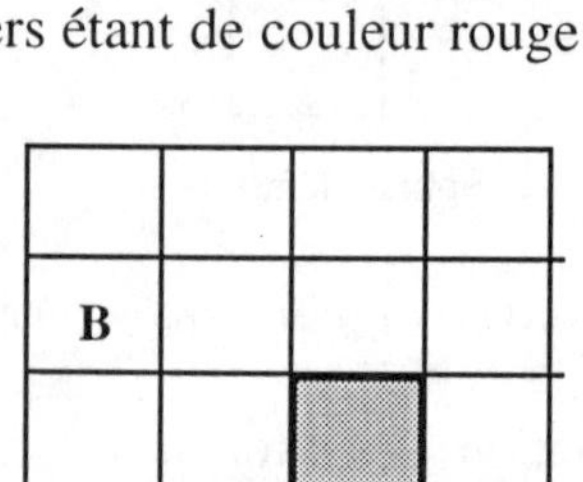

Pour trouver le bonbon, l'enfant a besoin d'informations qu'il obtient en posant des questions. Si l'enfant demande “Le bonbon est-il dans le casier rouge ?", la réponse "non" réduit le nombre de casiers possibles de 16 à 15, donc cette réponse n'apporte pas une grande quantité d'information. En revanche, si l'enfant demande "le bonbon est-il dans la partie gauche de la boîte ?", la réponse, quelle qu'elle soit, réduit de moitié le nombre de casiers possibles, soit de 16 à 8. Dans ce cas, la réduction de l'incertitude est maximale parce que l'information élimine la moitié des alternatives. En appliquant systématiquement cette procédure de réduction de l'incertitude, l'enfant a besoin de formuler au total quatre questions pour trouver le bonbon. Le lecteur pourra contrôler cette affirmation en appliquant lui-même la procédure à cet exemple.

Sur cette base, une unité d'information est ce qui réduit de moitié le nombre d'alternatives. Cette unité est appelée un "bit" d'information (par contraction de *binary digit*). Cette unité se mesure par le logarithme de base 2 du nombre d'alternatives, soit dans l'exemple ci-dessus, à 16 alternatives correspondent 4 bits d'information. Etant donné sa définition, cette mesure est indépendante de la nature de ce qui est mesuré.

Enfin, une communication idéale est une communication dans laquelle l'information provenant de la source est transmise sans perte au récepteur (l'information de sortie égale l'information d'entrée). Cette communication peut être affectée par la capacité du canal de transmission pouvant occasionner des pertes d'informations. Cette capacité se mesure, non par le nombre de signaux transmis, mais par l'écart séparant le nombre de bits entre l'entrée et la sortie. Il s'agit d'une mesure de la dégradation de la quantité d'information.

Au niveau de l'étude des phénomènes psychologiques, il a été assez aisé de faire une analogie entre stimulus — information d'entrée, réponse — information de sortie et d'assimiler la relation S-R à une transmission d'information par un canal à capacité limitée qui est l'organisme. L'application de la théorie mathématique des communications a permis de renouveler la conception des stimuli et des réponses : les stimuli ne sont plus considérés comme des événements isolés, mais comme appartenant à un ensemble de stimuli possibles ; les réponses, non plus comme des réactions, mais comme des moyens de réduire l'incertitude. Cette conception va conduire les psychologues à élargir leur investigation à des situations comportant de multiples stimulations et à élaborer les premiers modèles d'*attention sélective*. Nous illustrerons cette perspective à travers les recherches d'un psychologue anglais, Donald E. Broadbent. En outre, le fait qu'une même unité de mesure soit utilisable pour quantifier à la fois les stimuli et les réponses quel qu'en soit le support (par exemple visuel, auditif, verbal...) a permis l'établissement de nouvelles lois, l'exemple le plus caractéristique étant l'étude de la *capacité limitée du canal* humain. Un article de synthèse du psychologue américain George A. Miller illustrera cette orientation de recherche.

Broadbent est intéressé par les situations de la vie quotidienne où, contrairement aux situations de laboratoire utilisées par les psychologues behavioristes, le sujet doit faire face non à un stimulus isolé associé à une réponse unique, mais à des situations impliquant de longues séquences de stimuli et de réponses. C'est le cas des situations de communications verbales ou des situations professionnelles dans lesquelles une réponse comportementale est fournie suite à une séquence de stimuli, et non sur la base du dernier stimulus. Pour que la réponse soit adaptée, il est donc nécessaire de préserver une partie de l'information contenue dans la séquence entière et de l'isoler d'autres stimulations éventuellement présentes. La question que traite Broadbent est la suivante : comment un organisme conçu comme un canal de communication à capacité limitée réalise-t-il cette tâche ? Dans un ouvrage paru en 1958 (*Perception and Communication*) et en prenant comme cadre d'analyse la théorie mathématique des communications, il propose un modèle de l'attention fondé sur l'hypothèse de l'existence d'un filtre sélectif (fig. 3.4.). L'ensemble des informations d'entrée est analysé par un système sensoriel comportant plusieurs canaux et peut être maintenu, pendant quelques secondes, dans une mémoire temporaire. Le filtre placé avant le canal de communication ne laisse passer qu'une entrée sensorielle parmi toutes celles possibles.

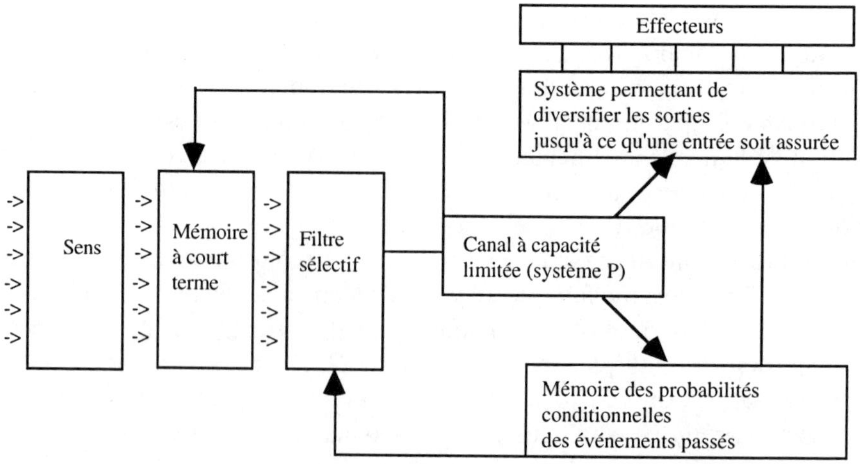

Figure 3.4. Modèle de l'attention de Broadbent (op. cit., *p. 26)*

La sélection d'une entrée sensorielle — et consécutivement l'écartement des autres — ne se fait pas au hasard ; elle est basée sur certaines propriétés des événements de l'environnement (telle l'intensité physique) et sur le contenu d'une mémoire à long terme concernant les probabilités de co-occurrence d'événements passés.

Le modèle proposé par Broadbent est considéré comme la première formulation des schémas en flux d'information de la psychologie cognitive (Lachman, Lachman et Butterfield, 1979 *in* Gardner, 1985). Il initie également tout un courant de recherche de la psychologie contemporaine relatif aux mécanismes attentionnels (pour une synthèse récente, voir Camus, 1996).

Si Broadbent cherche à modéliser un mécanisme permettant de faire face à la limite de capacité du canal humain face à des stimulations multiples, il ne cherche pas à mesurer cette capacité. Dans un article resté célèbre "The magical number seven, plus or minus two: Some limits on our capacity for processing information", Miller (1956) rapporte un ensemble de résultats expérimentaux (voir *Pour en savoir plus 3.i*) montrant la constance de l'information transmise par le canal humain, à savoir 7 (+ ou - 2) unités élémentaires d'information.

POUR EN SAVOIR PLUS 3.i

Expérience de Pollack (1952) rapportée par Miller (1956)

L'expérience porte sur une tâche de jugements absolus dans laquelle le sujet doit discriminer plusieurs stimuli unidimensionnels variant par l'intensité sonore, en attribuant un nombre à chaque stimulus qu'il entend.

On augmente la quantité de stimuli alternatifs à discriminer et on enregistre à partir de quel moment des erreurs de réponse apparaissent. Ces erreurs manifestent qu'une partie des informations d'entrée n'est pas transmise par le canal ; c'est donc un indicateur de la capacité du canal. La quantité de stimuli et les réponses du sujet sont transformées en bits selon le principe de calcul décrit ci-dessus (lorsque le nombre de sons alternatifs passe de 2 à 14, la quantité d'informations d'entrée passe de 1 à 3,8 bits). La figure ci-dessous montre que la quantité d'information transmise par le canal ne dépasse pas 2,5 bits, soit environ 6 stimuli différents : l'augmentation des erreurs au-delà de ce nombre indique l'atteinte de la limite de la capacité de transmission.

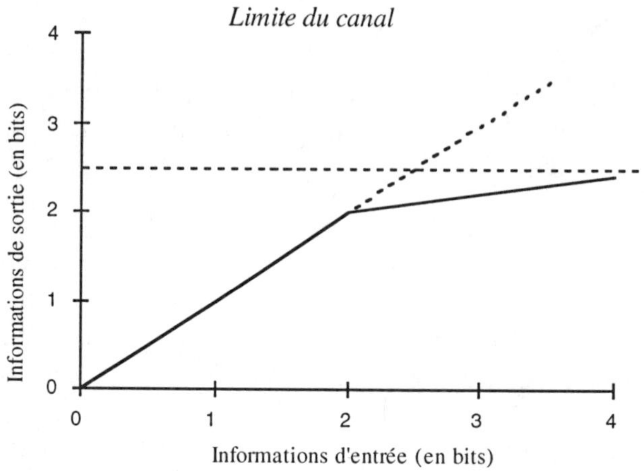

Le fait que des valeurs proches soient obtenues pour des stimuli sensoriels de nature différente indique une constance de la capacité du canal humain. On peut noter que des tentatives d'application de ce résultat ont été effectuées en ergonomie dans l'objectif d'adapter la quantité d'informations présentées par les dispositifs techniques aux capacités humaines en mesurant la quantité de bits des dispositifs (de Montmollin, 1967 pour des exemples de telles applications).

Notre capacité moyenne apparaît donc bien limitée (7 plus ou moins 2). Il faut souligner cependant que ce résultat est obtenu sur des stimuli non familiers (un chef d'orchestre peut discriminer davantage de sons), unidimensionnels et indépendants. Dans la vie quotidienne, les stimuli possèdent plusieurs dimensions (comme un visage) ou sont inclus au sein de séquences (comme un message verbal). Dès lors, une mesure de capacité en quantité d'informations élémentaires apparaît peu pertinente.

Prenons un exemple. Lisez une fois la suite de lettres suivantes et notez les lettres dont vous vous rappelez.

U R M D V N A G C I B P W O T

Réalisez la même tâche pour la liste suivante :

P D G B M W C A R V I T O N U

Peut-être constatez-vous que vous avez retenu davantage de lettres dans la seconde série que dans la première, alors que ces séries comportent les

15 mêmes lettres. Pourquoi ? Comme le propose Miller dans le même article de 1956, les unités mémorisées dans la seconde tâche ne sont pas des lettres mais des groupes de lettres qu'il appelle des *chunks* d'information. Un *chunk* est un ensemble intégré ou organisé d'informations élémentaires. Si le nombre de chunks en mémoire est soumis à la même limite de capacité (environ 7), le nombre d'informations élémentaires mémorisées peut être augmenté en regroupant davantage d'éléments à l'intérieur d'un même chunk. Pour reprendre une image de Miller et *al.* (1960), supposons une bourse qui ne peut contenir que cinq pièces de monnaie ; il suffit de mettre des pièces de 10 F plutôt que de 1 F pour augmenter le pécule qu'on peut transporter.

La différence entre chunk et bit démontre que chez l'homme le codage ne se réduit pas à une transposition des signaux, mais mobilise une activité mentale de structuration de ces signaux. La limite d'une stricte application de la théorie de Shannon pour interpréter des phénomènes psychologiques apparaît également dans l'exemple ci-dessous relatif aux communications sociales.

Lors de la huitième conférence Macy (*in* Dupuy, 1994), Bavelas présente des résultats de ses expériences sur les réseaux de communication. Le principe expérimental consiste à faire réaliser à plusieurs personnes une tâche collective (chaque membre du groupe doit inscrire sur un papier un nombre compris entre 0 et 5 de sorte que le total soit égal à un chiffre choisi par l'expérimentateur) sous les conditions de communication suivantes : (1) dans une première condition, le meneur de jeu indique à tous les membres du groupe, après chaque essai, le total réalisé ; (2) dans une seconde condition, le meneur de jeu se contente d'indiquer si le total a été atteint ou non. Bavelas constate, sur des expériences répétées, que les groupes parviennent plus rapidement à la solution dans la seconde condition, alors que celle-ci fournit moins d'information sur la progression vers le but. Un tel résultat, contraire à la théorie mathématique des communications, est inconcevable pour Shannon : un système quel qu'il soit ne saurait être moins performant quand on lui fournit des informations supplémentaires, sauf à être irrationnel. Bavelas invoque une autre rationalité : lorsque le total est connu, chaque membre du groupe tente d'évaluer les nombres choisis par ses partenaires et d'ajuster ses choix futurs en conséquence.

Ainsi, si la théorie mathématique des communications a fourni à la psychologie un langage de description de l'homme comme système de transmission d'information, elle ne saurait rendre compte de la complexité des opérations psychiques à l'œuvre dans ce système (Neisser, 1976).

3.4. Les emprunts à l'intelligence artificielle

Une influence extérieure majeure sur la modélisation psychologique des processus cognitifs est issue du développement de l'informatique, avec la création des premiers ordinateurs qui pouvaient stocker leur propre programme et qui pouvaient faire un certain nombre de choses que font habituellement les hommes, comme stocker de l'information, la manipuler, utiliser un langage, résoudre des problèmes, etc. Cette branche de l'informatique qui a pour projet de concevoir des machines intelligentes prit le nom d'intelligence artificielle (IA) en 1956. Cet été-là, une douzaine de chercheurs en logique et en mathématiques se réunirent pour une conférence au Dartmouth College de Hanover dans le but de discuter de la possibilité de concevoir des programmes informatiques capables de se comporter intelligemment. Parmi eux se trouvaient quatre personnes qui contribueront notablement au développement de cette discipline : John Mc Carthy, Marvin Minsky, Alan Newell et Herbert Simon.

La formulation d'un tel projet a été préparée par un ensemble de travaux conduisant à admettre que le raisonnement est un calcul ou que la pensée est calculable. Au XIXe siècle, le mathématicien anglais George Boole (1815-1864) se donne pour objectif de déterminer les lois de la pensée et de les décrire dans le langage de la logique formelle. De façon synthétique, les pensées sont pour Boole des propositions sur le monde qui peuvent être représentées par des symboles. Ceux-ci peuvent être combinés d'une certaine manière à l'aide de connecteurs logiques pour former d'autres propositions plus complexes. Une propriété importante de ces propositions est leur valeur de vérité (par exemple, la proposition "Martin est grand" est vraie, si, de fait, Martin est grand) et des tables de vérité permettent de dériver la valeur de vérité de propositions complexes selon les connecteurs (par exemple, la proposition complexe "Martin est grand (a) et Pierre est grand (b)" est vraie si et seulement si les deux propositions (a) et (b) sont vraies). La pensée est donc une manipulation de symboles (un calcul propositionnel) qui peuvent être représentés simplement par des valeurs de vérité binaires (vrai ou faux).

A la même époque, un autre mathématicien anglais, Charles Babbage (1792-1871), concevait une machine théorique susceptible d'effectuer des calculs complexes — la machine analytique — mais il ne put la réaliser. Il faudra attendre les années 30 pour que les bases théoriques des automates programmables voient le jour. En 1937, Claude Shannon met en rapport la thèse de Boole et le comportement des circuits électriques : de même que les propositions chez Boole peuvent prendre deux états (vrai ou faux), un circuit électrique peut prendre deux valeurs (ouvert ou fermé). Du fait de la nature binaire des deux systèmes, les circuits électroniques peuvent être utilisés pour simuler les opérations logiques du calcul propositionnel, c'est-à-dire que les circuits électroniques peuvent effectuer les opérations de pensée telles qu'elles ont été formalisées par Boole.

Parallèlement, en 1935-1936, le mathématicien anglais Alan Turing (1912-1954) proposait que toute tâche computationnelle (qu'un calculateur puisse calculer) pourrait être réalisée par une machine dotée d'un ensemble fini d'instructions. La machine théorique qu'il a conçue, appelée "machine de Turing", est un système très simple mais très puissant. Il consisterait en (1) une bande de papier divisée en cases pouvant contenir deux symboles, soit case vide, soit case cochée ; (2) un instrument de lecture pour lire la bande de papier ; (3) quatre opérations possibles : se déplacer d'une case à droite, se déplacer d'une case à gauche, écrire un symbole, effacer un symbole. Le fonctionnement de la machine serait à chaque étape entièrement déterminé par le symbole déchiffré sur la bande (*input*) et par sa configuration actuelle en fonction d'un ensemble fini d'instructions correspondant à une tâche donnée (voir *Pour en savoir plus 3.j*).

POUR EN SAVOIR PLUS 3.j

Exemple d'une machine de Turing qui additionne, *in* Hodges (1983, p. 93)

Etat initial (4 + 5)

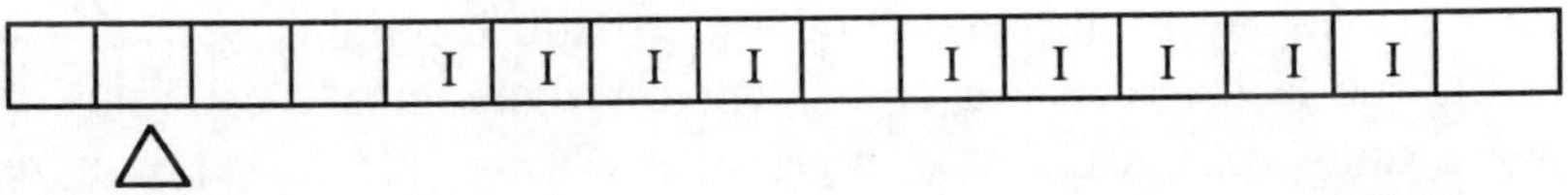

tête de lecture

Etat final (9)

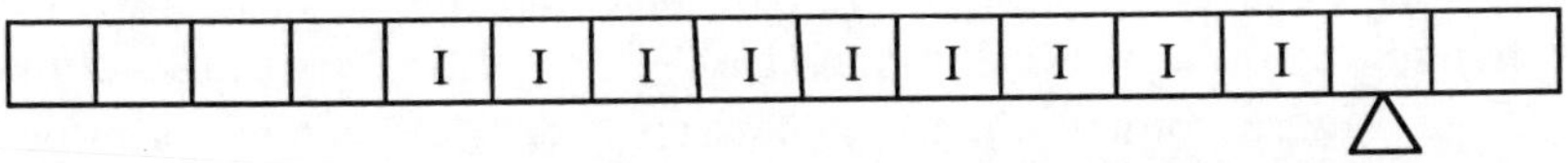

tête de lecture

La tâche de la machine consiste à cocher la case vide et à effacer la dernière marque. Il suffit donc d'équiper la machine de quatre configurations. Dans le premier état, la tête de lecture passe les cases vides jusqu'à la première case cochée. Dès qu'elle arrive à la première case cochée, elle se met dans le deuxième état. La case vide de séparation lui fait cocher cette case et aller dans le troisième état où elle reste pendant toute la seconde série de cases cochées. Dès qu'une case vide se présente, elle se met dans le quatrième état, c'est-à-dire qu'elle fait demi-tour et efface la dernière case avant de s'arrêter. Cette suite de transformations peut s'exprimer sous la forme de la table d'instructions suivante.

Symboles inspectés

	vide	I
Etat 1	aller à droite : état 1	aller à droite : état 2
Etat 2	marquer I aller à droite : état 3	aller à droite : état 2
Etat 3	aller à gauche : état 4	aller à droite : état 3
Etat 4	rester sur place : état 4	effacer ; rester ; état 4

Contrairement à ce que pourraient laisser croire le terme de "machine de Turing" et l'exemple simpliste présenté ci-dessus pour les besoins de la démonstration, Turing n'a pas fait œuvre d'ingénieur, mais de théoricien. Le modèle de calculateur numérique qu'il propose opère sur des suites de symboles abstraits indépendants de tout contenu à l'aide d'opérations logiques. Il s'agit donc d'une machine universelle susceptible d'imiter n'importe quel autre calcutateur numérique dédié à certains types de calcul. Il suffit que la machine soit correctement programmée, c'est-à-dire dotée d'instructions relatives aux changements d'états internes et aux règles d'écriture (voir la table dans *Pour en savoir plus 3.j*). Dit autrement, tout processus exprimable sous la forme d'une série d'instructions opérant sur des éléments discrets doit pouvoir être reproduit dans une machine universelle. Les principes de conception d'une telle machine sont le fruit du travail du mathématicien John von Neumann (1903-1957). Le rapport qu'il publie en 1945, considéré comme l'acte de naissance de l'ordinateur, propose une architecture alliant la souplesse d'utilisation et la rapidité des calculs.

Qu'en est-il des processus humains ? Dans un article de 1950 intitulé "Computing machinery and intelligence" (traduction française *in* Pélissier et Tête, *op. cit.*), l'objectif fondamental de Turing apparaît très clairement lorsqu'il déclare que "les calculateurs numériques (...) peuvent en fait mimer les actions d'un calculateur humain de très près" (p. 260 de la traduction française). Il suppose l'existence "d'états élémentaires de la pensée" auxquels correspondent par analogie les états de la machine, et "de règles qui sont inscrites dans un livre qui change chaque fois que le calculateur humain commence un nouveau travail". Il s'agit donc d'un projet d'opérationnalisation ou d'incarnation de la pensée dans sa forme logique, indépendamment du substrat (cerveau ou machine) qui la réalise.

Nous nous sommes quelque peu attardés sur l'œuvre d'Alan Turing car y sont énoncées les bases conceptuelles de ce qui deviendra en 1956 l'intelligence artificielle. Celle-ci "s'intéresse à la fois aux descriptions abstraites de l'intelligence et à la possibilité de réaliser des systèmes artificiels dont le comportement correspond à ces descriptions. (...) Elle explore (pour l'IA symbolique[18]) la possibilité de représenter des concepts et des objets à l'aide de symboles et de simuler les formes du raisonnement par des manipulations de ces symboles" (Tisseau, 1996, pp. 4-5). Seule une partie des chercheurs de cette discipline ont pour objectif de modéliser l'intelligence humaine. Ce sont eux qui nous intéressent plus particulièrement dans le cadre de cet ouvrage, et nous examinerons leur apport à la psychologie à travers les travaux de Newell et Simon.

Allen Newell (1927-1992), docteur en Administration industrielle, a occupé un poste de chercheur à la Rand Corporation, avant d'intégrer l'Université de Carnegie-Mellon en 1961.

Herbert Simon (né en 1916) est titulaire d'un doctorat de Sciences politiques. Une partie de son œuvre scientifique est connue dans le domaine de l'économie et de l'organisation des entreprises. Dans ce domaine, il a développé le concept de rationalité limitée pour modéliser la prise de décision humaine (March et Simon, 1958). Cette conception, plus réaliste que les modèles classiques de la rationalité, considère que l'homme utilise des procédures de décision heuristiques lui permettant de contourner les limites de temps et de capacité mnésique. Cette contribution lui a valu le prix Nobel de Sciences économiques en 1978. En 1949, il est nommé professeur de Management à l'Université de Carnegie-Mellon, puis en 1966, professeur d'Informatique et de Psychologie dans la même université. Un récapitulatif de quelques-unes de ses principales contributions scientifiques (*in* Newell, 1989) illustre la diversité de ses centres d'intérêt, notamment en sciences politiques, philosophie des sciences, théorie des organisations et psychologie sociale, économie, informatique, intelligence artificielle[19].

Dès 1956, Newell, Shaw et Simon produisaient un programme (*Logic Theorist*) capable de démontrer des théorèmes de logique formelle. Les auteurs soulignent que *Logic Theorist* fonctionne avec des procédures et des modes de résolution analogues à ceux observés dans les protocoles d'hommes réalisant les mêmes problèmes que la machine. Pour Gardner (1985), Newell et son équipe avaient fait "deux démonstrations capitales : 1) les ordinateurs peuvent se comporter d'une façon qui chez les humains serait considérée sans hésitation comme intelligente ; 2) les étapes par lesquelles passe un ordinateur pour prouver un théorème ont une ressemblance non triviale avec le processus observé dans la résolution de problèmes chez l'être humain" (p. 175). Dès 1957, Newell et Simon entreprenaient d'étendre leur démarche, non plus à une classe particulière de problèmes, mais à une variété de problèmes, ce qui aboutira à la conception du *General Problem Solver* (GPS).

Au cours de ces travaux, Newell et Simon (1972) vont concevoir l'activité cognitive de résolution de problème comme celle d'un *Système de Traitement de l'Information* (STI), que celui-ci soit humain ou artificiel. Nous empruntons la description de ce système à Newell et Simon (p. 20 et suiv.).

Un STI (fig. 3.5.) est un système constitué d'une mémoire à long terme (MLT), d'un processeur ou unité de traitement, d'effecteurs et de récepteurs. Les éléments qui sont véhiculés, manipulés et stockés dans ce système sont des symboles et structures symboliques, c'est-à-dire des ensembles de marqueurs (*token*) en relation qui peuvent désigner aussi bien des objets que des traitements. La MLT stocke les structures de symboles. Le processeur comprend des processus élémentaires (par exemple, discriminer, comparer, créer, stocker des symboles), une mémoire à court terme (MCT) qui maintient les structures symboliques traitées (*input*) et produites (*output*) par les processus élémentaires, et un interpréteur qui détermine la séquence de processus élémentaires à exécuter en fonction des contenus de la MCT.

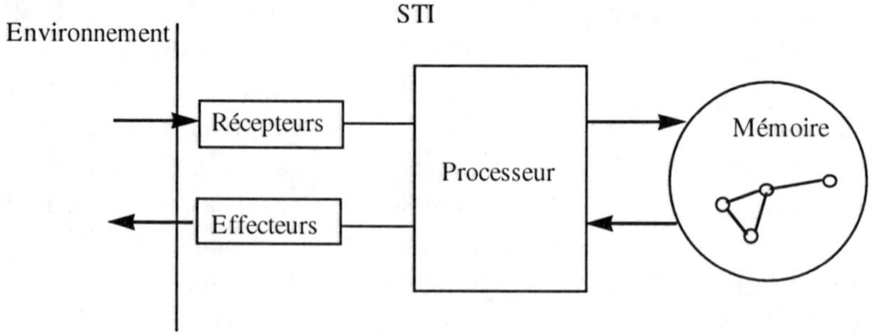

Figure 3.5. Structure générale d'un système de traitement de l'information (Newell et Simon, op. cit., *p. 20)*

Dans la conceptualisation du STI proposée par Newell et Simon, l'unité centrale est constituée par le processeur qui effectue les calculs sur les structures symboliques. Le processeur opère par traitement séquentiel : il ne peut exécuter qu'une opération à la fois ; le résultat de chaque opération (sortie) constitue une entrée pour l'opération suivante.

L'ouvrage de 1972, *Human Problem Solving*, rend compte de l'application de cette conceptualisation à la résolution de divers problèmes : problèmes cryparithmétiques, logique symbolique, jeu d'échec. L'étude se centre sur l'exécution individuelle du problème, c'est-à-dire sur la suite temporelle des étapes permettant d'atteindre la solution. La démarche adoptée par les auteurs consiste à (1) réaliser une analyse de la tâche ou du problème, (2) formuler un modèle de résolution de ce problème sous forme de programmes informatiques, (3) éventuellement, comparer le comportement de résolution de l'ordinateur et celui de sujets humains, à partir du détail des protocoles individuels.

Analyser la tâche, c'est-à-dire identifier les propriétés du problème à résoudre, constitue pour Newell et Simon une étape essentielle d'analyse dans la mesure où la structure du problème contraint les processus de résolution et fournit un grand nombre d'informations sur la nature du problème et les moyens potentiels de le résoudre. La tâche détermine donc très largement l'activité de résolution. Bien que la terminologie utilisée par les auteurs soit quelque peu confuse et évolue au fil de l'ouvrage, le concept central développé est celui d'*espace de base du problème* (*basic problem space*) qui correspond à la structure du problème telle que peut se la représenter un observateur omniscient[20]. Cet espace de base comprend l'état initial ou données du problème, l'état but, la nature des opérations admises et les contraintes ou restrictions dans l'application de ces opérations. Lorsque le problème est bien défini et admet un nombre fini d'étapes de résolution, il est possible de tracer le graphe (encore appelé arbre état-action) de l'ensemble de tous les états possibles résultant de toutes les séquences possibles d'application des opérations, c'est-à-dire tous les cheminements possibles de l'état initial à l'état but, comme le montre l'exemple ci-dessous appliqué au problème de la Tour de Hanoï. L'analyse de la structure permet d'identifier des problèmes isomorphes présentés sous des habillages différents. Cependant, comme le notent les auteurs, lorsque le problème est plus complexe, il est difficile d'élaborer un espace de base exhaustif totalement indépendant du point de vue que l'on adopte sur le problème.

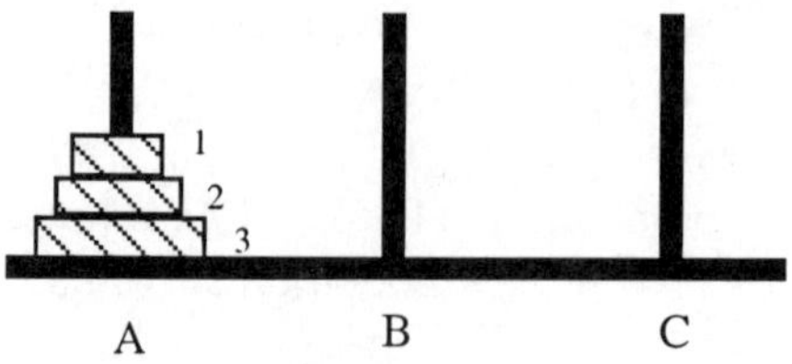

Figure 3.6. Matériel de la Tour de Hanoï

L'énoncé du problème de la Tour de Hanoï est le suivant : n disques (ici 3) sont empilés sous forme de pyramide sur la tige de gauche (A). Le problème consiste à reconstituer la même pyramide sur la tige de droite (C), sachant que : (1) on ne peut déplacer qu'un disque à la fois, (2) on ne peut prendre qu'un disque directement accessible, (3) on ne peut placer un disque sur un disque plus petit que lui.

Avant d'examiner l'espace de base de ce problème, résolvez-le en notant tous les déplacements de disques que vous effectuez (notez le numéro du disque déplacé et les tiges de départ et d'arrivée de chaque disque).

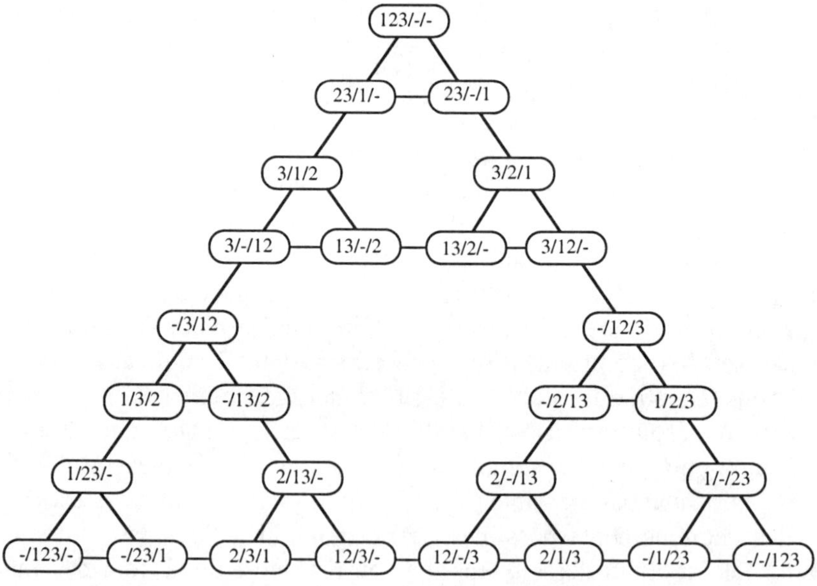

Figure 3.7. Espace de base du problème de la Tour de Hanoï à trois disques

L'espace de base du problème doit être distingué de l'*espace problème* (*problem space*) qui correspond à la représentation mentale qu'une personne particulière a du problème. L'espace problème peut contenir plus ou moins d'informations que celles données dans l'énoncé du problème. Par exemple, dans le problème de la Tour de Hanoï, le résolveur peut ajouter la contrainte "Ne déplacer les disques que sur des tiges adjacentes". En outre, l'espace de base du problème est statique, alors que l'espace problème est dynamique évoluant en cours de résolution. Par exemple, au jeu d'échecs, l'espace problème inclut les positions des pièces sur l'échiquier, les opérateurs (mouvements admissibles), l'état-but, l'information disponible à un moment donné sur l'état du problème et ce qui y a conduit (Newell et Simon, *op. cit.*, p. 810).

Sous ce schéma d'analyse, la résolution de problème peut être vue comme une progression, un cheminement, à travers des états de connaissance successifs, le passage d'un état de connaissance au suivant étant accompli en appliquant un opérateur (un mouvement dans la Tour de Hanoï). Ainsi, en reprenant la suite des mouvements de disques que vous avez effectués pour résoudre le problème ci-dessus, vous pouvez tracer sur le graphe votre cheminement jusqu'au but.

Au cours de la résolution, le résolveur est confronté à chaque étape au choix de l'opérateur permettant de transformer un état de connaissance. S'agissant d'une activité intelligente et adaptative, le choix d'un opérateur est basé sur l'évaluation de l'écart au but. Il est donc nécessaire de disposer de méthodes permettant d'effectuer cette évaluation. Une méthode consiste, à chaque pas, à calculer tous les opérateurs applicables pour produire un état de connaissance. Cependant, étant donné la taille des espaces de base des problèmes, cette méthode implique de rechercher et de conserver en mémoire un très grand nombre de cheminements possibles (même pour un problème aussi simple que la Tour de Hanoï à 3 disques). Pour éviter l'explosion combinatoire, Newell et Simon ont proposé d'utiliser des méthodes heuristiques de résolution de problème. La principale heuristique implémentée dans le programme GPS est *l'analyse fins-moyens* (*means-ends analysis*). Elle consiste (1) à déterminer la (ou les) différence (s) entre l'état actuel et l'état que l'on veut atteindre, (2) à sélectionner, parmi les moyens disponibles, un opérateur susceptible de réduire ces différences et (3) à l'appliquer. Cette méthode est itérée jusqu'à l'atteinte du but final.

En résumé, Newell et Simon ont développé une conception computo-symbolique de la pensée humaine et artificielle (Simon, 1969). Cette assimilation a été rendue possible en étendant la nature de l'information manipulée par la machine (passage des nombres à des symboles quelconques) et en la dotant de méthodes heuristiques et non plus seulement algorithmiques[21]. GPS est une réalisation de cette conception appliquée à la résolution de problème. Il est qualifié de "général" parce qu'il a été le premier programme à séparer clairement les mécanismes de résolution et les connaissances relatives à une tâche particulière. Toute une variété de problèmes peuvent être analysés en termes d'états de connaissances et d'opérateurs appliqués à ces états. Le choix des opérateurs pertinents se base sur des heuristiques générales, telle l'heuristique fins-moyens décrite ci-dessus.

A cette première génération de programmes portant sur les aspects procéduraux de la résolution de problème ont succédé, à la fin des années 60, diverses tentatives de représentation des connaissances en mémoire, c'est-à-dire la formalisation des structures de connaissances nécessaires à la compréhension. Divers formalismes ont été élaborés (voir *Pour en savoir plus 3.k* et, pour une synthèse, voir par exemple Mathieu, 1986).

POUR EN SAVOIR PLUS 3.k

Le modèle en réseau sémantique de Quillian (1967)

Dans cette recherche, Quillian avait pour objectif "de développer une théorie de la structure de la mémoire à long terme humaine et d'incorporer cette théorie dans un modèle computationnel de telle sorte que la machine puisse l'utiliser pour effectuer des tâches complexes impliquant la mémoire" (p. 410). A cette fin, il proposait un modèle d'organisation hiérarchique des connaissances en mémoire obéissant à deux contraintes : (1) permettre à la machine de comprendre des mots ou des phrases à partir de connaissances stockées ; (2) concevoir un modèle suffisamment simple pour rendre les traitements possibles en tenant compte des capacités mémoire de la machine, limitées à cette époque. Il s'agissait donc de proposer une structure économique de la mémoire sémantique.

Le modèle qu'il propose n'est pas similaire à un dictionnaire constitué d'une liste de mots ayant chacun sa signification. Il est conçu comme un ensemble de nœuds reliés par des liens. Les nœuds désignent des unités de connaissances qui ne sont ni des mots, ni des phrases, ni des images, mais des concepts dotés d'un ensemble de propriétés. Les liens symbolisent différents types de relations entre concepts. Un type important de relation est la relation d'appartenance inclusive qui permet de représenter les connaissances sous forme d'une structure en réseau organisant hiérarchiquement des concepts, du plus au moins étendu. La caractéristique majeure de ce réseau lui assurant un caractère économique concerne l'héritage des propriétés : il n'est pas nécessaire de représenter à chaque nœud conceptuel toutes les propriétés caractérisant le concept dans la mesure où chaque concept d'un niveau inférieur hérite des propriétés des concepts de niveaux supérieurs grâce à la relation d'inclusion.

Ainsi, en reprenant l'exemple proposé par Collins et Quillian (1969), le canari a les propriétés spécifiques d'être jaune et de chanter, et il hérite des propriétés communes aux oiseaux (a des ailes, peut voler, a des plumes) et des propriétés communes à la classe des animaux (a une peau, peut bouger, mange, respire).

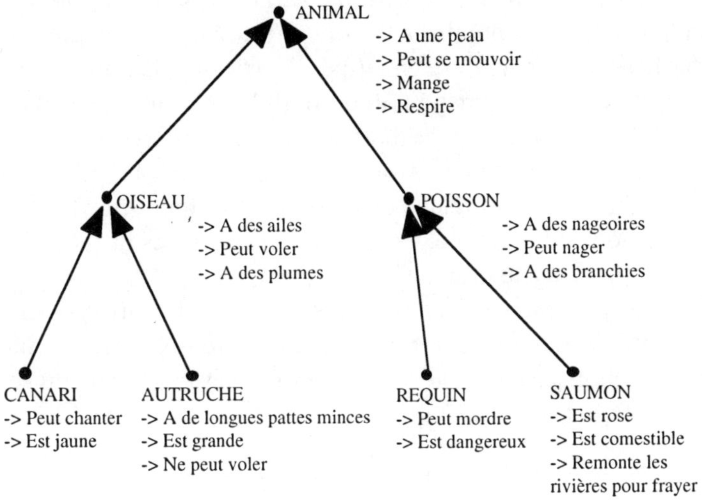

L'influence de ces recherches initiales d'intelligence artificielle sur la psychologie cognitive peut se voir à trois niveaux emboîtés.

Un premier niveau est d'ordre épistémologique, dans le sens où cette conception va contribuer à légitimer une psychologie centrée sur l'étude des activités mentales. L'ordinateur et son fonctionnement peuvent être utilisés par le psychologue comme une métaphore pour définir son objet. Illustrons cet aspect par une phrase d'Ulric Neisser qui, dans son ouvrage *Cognitive psychology* (1967), définit le projet d'étude de cette nouvelle psychologie. "La tâche du psychologue en essayant de comprendre la cognition humaine est analogue à celle d'un homme essayant de découvrir comment un ordinateur a été programmé" (p. 6). De même qu'un informaticien peut s'intéresser au programme sans référence au support matériel sur lequel il tourne, le psychologue peut étudier la cognition sans s'intéresser directement au support qui la réalise. Autrement dit, il y a place pour une psychologie qui dépasse l'étude des relations S-R en analysant les processus intermédiaires, sans que ces derniers soient réduits à des processus neuro-physiologiques. Appliquée à la mémoire, cette prise de position signifie que le psychologue cherche "quels aspects de l'expérience sont stockés, comment l'information mémorisée est organisée, comment et pourquoi elle est récupérée (...). Il n'est pas prioritairement intéressé par la manière dont l'information est physiquement stockée par le cerveau. La psychologie traite de l'organisation et de l'utilisation de l'information, non de sa représentation dans le tissu organique" (Neisser, *op. cit.*, p. 281).

Un deuxième niveau est de l'ordre de la conceptualisation. Pour étudier les conduites et conceptualiser la boîte noire, la psychologie cognitive va importer le schéma d'analyse en termes de système de traitement de l'information. Cet emprunt a amené tout d'abord les psychologues à abandonner une approche centrée sur l'étude des propriétés de diverses fonctions psychologiques considérées isolément (études de la perception, de la mémoire, du raisonnement pour aborder l'étude du fonctionnement cognitif : étude de l'exercice et des interactions de ces différentes fonctions au cours d'une activité donnée.

En outre, puisque ce fonctionnement est celui d'un système, diverses schématisations en formulent l'architecture sous forme de modules en relation (symbolisés par des boîtes et des flèches, à l'image du schéma STI présenté dans la figure 3.5.).

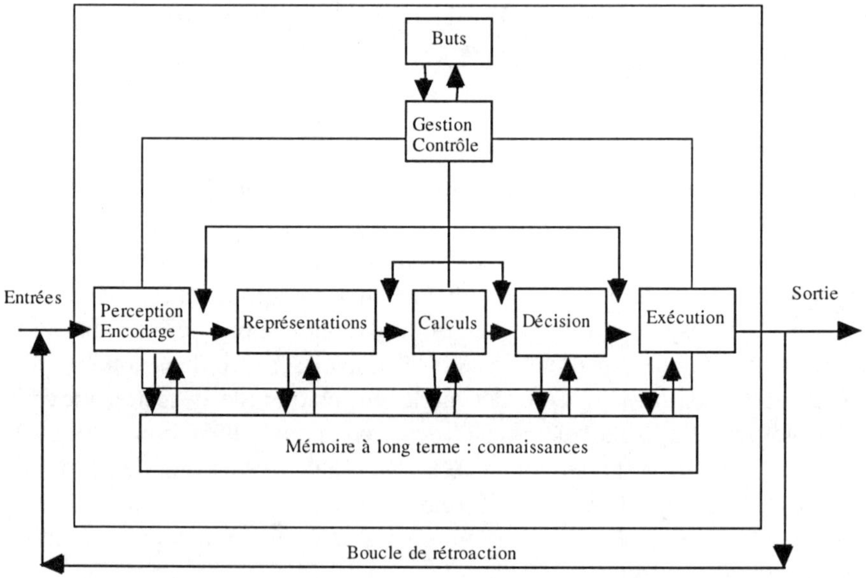

Figure 3.8. Schéma d'un STI humain (Georges, 1985, p. 208)

Le schéma ci-dessus (fig. 3.8.) montre que l'activité cognitive humaine consiste en une série d'opérations transformant les données sensorielles d'entrée (stimuli) en représentations mentales (compréhension, interprétation) sur la base desquelles des calculs (raisonnements) sont effectués pour décider d'une réponse permettant d'atteindre le but. L'activité est donc conçue comme séquentielle et mobilise des connaissances conservées en mémoire de façon permanente. Une telle schématisation fournit un langage de description commun et général à l'ensemble des activités cognitives, ce qui ne préjuge en rien de la nature des hypothèses psychologiques relatives aux mécanismes assurant le fonctionnement cognitif. Par exemple, depuis le milieu des années 70 et sous l'impulsion de Bärbel Inhelder, l'école genevoise s'intéresse au fonctionnement du STI chez l'enfant résolvant des problèmes, tout en conservant des concepts piagétiens. Ainsi, la mémoire à long terme stocke les schèmes et structures de l'intelligence, la représentation élaborée en mémoire de travail organise les schèmes activés et les calculs emploient des schèmes procéduraux.

Enfin, les psychologues ont exploité de manière heuristique certaines des modélisations des mécanismes de traitement et de stockage de l'information produits en intelligence artificielle. Par exemple, Collins et Quillian (1969) ont testé la validité psychologique de l'automate de Quillian pour représenter la mémoire sémantique (voir *Pour en savoir plus 3.I*).

POUR EN SAVOIR PLUS 3.I

Vérification d'énoncés
Collins et Quillian (1969)

L'expérience de Collins et Quillian vise à tester le modèle d'organisation de la mémoire sémantique examiné précédemment. Pour cela, une tâche de vérification d'énoncés est utilisée ; les énoncés portent soit sur l'appartenance catégorielle (par exemple, le canari est un oiseau), soit sur des propriétés (par exemple, le canari peut voler). En outre, ils peuvent être vrais ou faux. Chaque énoncé est présenté sur un écran pendant 2 sec. et le sujet appuie sur un bouton si l'énoncé est vrai, sur un autre bouton si l'énoncé est faux. Les temps de réaction (cf. Donders *in* chapitre I) sont enregistrés. Si les connaissances sont organisées en mémoire selon le modèle de Quillian, les temps de réaction doivent varier en fonction du niveau hiérarchique concerné par l'énoncé, et dans les mêmes proportions pour les énoncés d'appartenance de classes et les énoncés de propriétés.

Les résultats ci-dessous concernant des énoncés vrais (le canari n'est indiqué qu'à titre d'illustration) montrent que les résultats obtenus sont conformes au modèle ; seul le temps de réaction concernant l'appartenance catégorielle de niveau 0 (un canari est un canari) est plus faible du fait que la réponse est déjà dans l'énoncé.

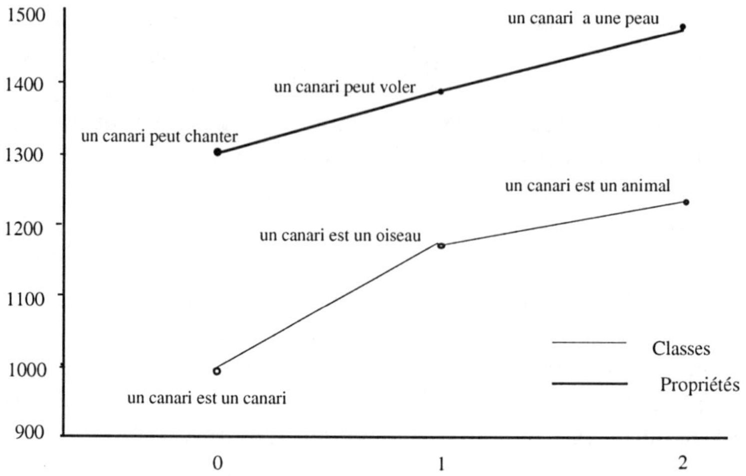

Temps de réaction moyen (en msec.) pour des énoncés de différents niveaux

---

Un troisième niveau est d'ordre méthodologique. Depuis l'époque des pionniers, la méthode privilégiée de la psychologie est la méthode expérimentale qui permet d'établir, par des observations contrôlées sur de larges échantillons de sujets, des relations quantitatives entre des facteurs de situation et des réponses comportementales. Dans l'introduction à leur ouvrage de 1972, Newell et Simon soulignent en quoi ils se démarquent de cette méthode qui n'est pas adaptée à leur projet d'élaborer des systèmes de traitement de l'information modélisant le décours temporel de la conduite mentale d'un individu singulier dans une tâche particulière. La description de cette conduite se fonde sur l'analyse de protocoles. Celle-ci nécessite une observation systématique de la suite des comportements verbaux et/ou non verbaux du sujet permettant de construire le graphe de l'activité (suite d'opérations et d'états de connaissance) sur la base duquel vont être inférés les processus psychologiques mis en œuvre (nature des représentations, des méthodes, des règles...).

Cette méthodologie a été largement importée en psychologie cognitive, y compris le recours à des verbalisations des sujets sur leur activité mentale pour décrire les opérations qu'ils effectuent (verbalisations descriptives) et/ou pour exprimer les raisons de ce qu'ils font (verbalisations justificatives). Le recours à ces techniques verbales a donné (et donne) lieu en psychologie cognitive à des polémiques qui ne sont pas sans rappeler les critiques adressées au début du siècle à l'usage de l'introspection (pour une synthèse sur ce problème, voir Caverni, 1991).

Les constructions théoriques issues de l'emploi de cette méthodologie sont fragiles, du fait notamment des distorsions dues aux limites des verbalisations (par exemple, écart entre l'activité mentale du sujet et ce qu'il en dit, limitation aux activités conscientes) et aux activités d'inférence du chercheur. Face à ces risques, la psychologie cognitive va utiliser la simulation informatique comme outil permettant de tester la validité du modèle de l'activité élaboré par le chercheur. En se fondant sur l'analogie entre les STI humain et artificiel, le psychologue peut exprimer son modèle du fonctionnement du sujet humain sous forme d'un ensemble de règles programmables qui sont implémentées sur une machine et dont le comportement est comparé à celui du sujet humain dans la même tâche (fig. 3.9.).

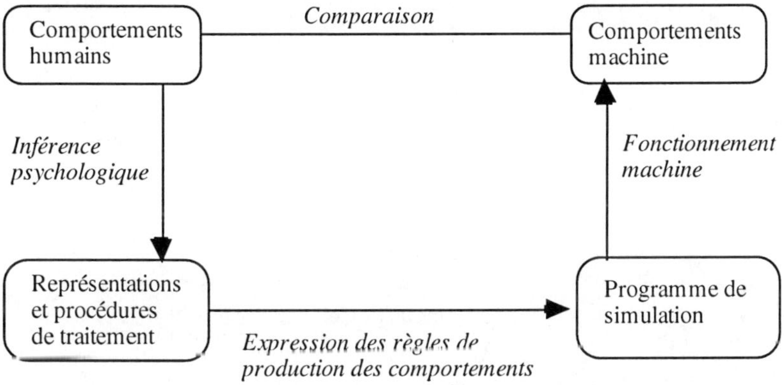

Figure 3.9. Schématisation de la démarche de simulation informatique en psychologie

En résumé, si intelligence artificielle et psychologie cognitive partagent plusieurs questions de recherche et approches méthodologiques, les deux disciplines ne sauraient se confondre (fig. 3.10.). D'une part, une partie de l'intelligence artificielle a pour but de concevoir des outils performants sans se préoccuper de mimer le fonctionnement humain. D'autre part, lorsqu'elle cherche à modéliser la pensée humaine et artificielle, l'intelligence artificielle n'adopte pas nécessairement la même démarche que la psychologie cognitive. La première construit des modèles sans base empirique, modèles exprimés sous forme de programme dont le fonctionnement est éventuellement comparé au fonctionnement humain. La psychologie, soit emprunte à l'IA des modèles dont elle teste la réalité psychologique par des observations comportementales, soit élabore, par une démarche inductive, ses propres modèles qu'elle teste par les moyens de la simulation ou de la méthode expérimentale. La confrontation des modèles issus des deux disciplines peut avoir une valeur heuristique. Par exemple, les limites de l'application du modèle de la mémoire sémantique de Quillian en psychologie (selon le type de concepts testés, les temps de réaction observés ne sont pas toujours conformes aux prédictions) ont conduit les psychologues à élaborer d'autres modèles d'organisation des connaissances utilisés ensuite en IA (pour une synthèse, voir Abdi, 1986).

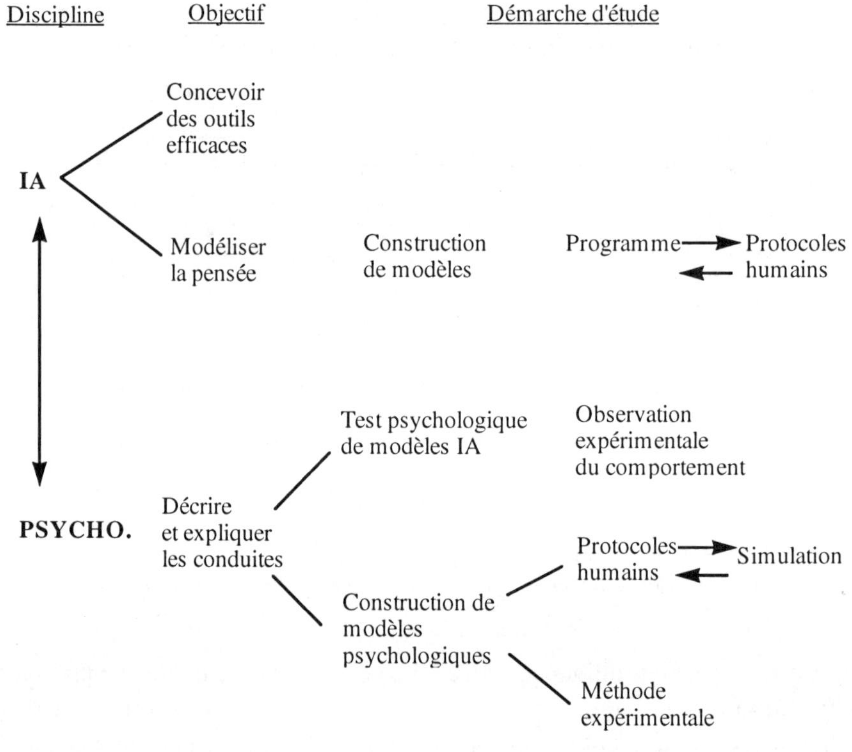

Figure 3.10. Récapitulatif des points communs et différences entre psychologie et IA

Pour conclure, nous dirons que les différentes disciplines extérieures à la psychologie examinées dans cette partie ont proposé des concepts complémentaires (information, but, feedback, calcul symbolique) synthétisés dans l'intelligence artificielle. Cette révolution technologique réalisée sur une vingtaine d'années est aussi une révolution conceptuelle : “un système cognitif — qu'il soit artificiel ou naturel — est un système formel incarné qui agit sur des représentations dites symboliques" (Andler, 1987, p. 7). Le transfert analogique de ces concepts en psychologie a été médiatisé par les propositions de la linguistique générative de Chomsky : d'une part, la formalisation du langage sous forme de règles abstraites les rend potentiellement programmables ; d'autre part, pour les psychologues ce mode d'analyse est généralisable à toute conduite, langagière ou non. Malgré les différences d'objectifs et de méthodes entre disciplines, ce mouvement de convergence conceptuelle s'est concrétisé, à la fin des années 70, dans l'apparition des sciences cognitives ou sciences de la cognition qui constituent "une tentative d'unifier les points de vue sur la pensée tels qu'ils sont développés par les études de psychologie, linguistique, anthropologie, informatique, neurosciences" (Hunt, 1989, p. 603).

4. Synthèse : apports et limites du cognitivisme

Dans cette conclusion, nous synthétiserons la position du cognitivisme telle qu'elle s'est développée en psychologie générale, puis nous examinerons quelques conséquences du modèle dominant de la psychologie cognitive (le modèle TI) pour une étude intégrée des conduites.

Quelles que soient leurs orientations théoriques, les psychologues cognitivistes adhèrent à un ensemble de points de vue qui les séparent de l'ancien paradigme behavioriste :

— il est légitime et possible d'étudier les états et processus internes d'élaboration et d'organisation des comportements observables ;

— il y a place pour une approche psychologique de ces processus, distincte de l'étude de leurs soubassements neuro-physiologiques ;

— les états et processus cognitifs peuvent être analysés en eux-mêmes et pour eux-mêmes, indépendamment des autres composantes de la personnalité ;

— le cognitif n'est pas constitué d'une collection de fonctions isolées, mais d'un ensemble d'activités interdépendantes qui forment système ;

— le projet de la psychologie cognitive est d'élaborer des modèles de la structure et du fonctionnement de ce système lors des échanges adaptatifs du sujet avec son milieu ;

— conséquemment, la psychologie cognitive substitue à la causalité linéaire S-R une causalité systémique (pluralité des déterminants des comportements et régulation des conduites par effets de feedback).

A travers ces prises de position, la psychologie cognitive a montré qu'il était possible d'étudier les processus psychologiques sans tomber dans le mentalisme et d'aborder d'emblée l'étude des activités supérieures les plus spécifiques de l'être humain telles le langage et la pensée. La psychologie cognitive a-t-elle pour autant atteint le projet d'une psychologie des conduites formulé en son temps par Janet et Fraisse ? On peut en douter en lisant les propos quelque peu désabusés de deux des fondateurs de la psychologie cognitive. A propos de la révolution cognitive, c'est-à-dire du développement du modèle TI, Baars (1986, *in* Legrand, 1990, p. 283) rapporte les réflexions suivantes de Neisser : "Je n'ai pas aimé ce qui est arrivé à la psychologie cognitive. Pour moi, à l'origine, la psychologie cognitive était porteuse d'une espérance humaniste. Or, elle est devenue une étroite spécialité académique dans laquelle simuler des processus d'information est devenu maintenant un jeu semblable à celui que jouaient les psychologues S-R". Lui faisant écho, Bruner écrit en 1990 que "la révolution cognitive avait l'ambition de ramener l'esprit dans le giron des sciences humaines, d'où l'avait chassé le long hiver glacé de l'objectivisme. Mais je n'entonnerai pas l'air du progrès en marche, car, à mes yeux du moins, cette révolution s'est maintenant fourvoyée dans des chemins de traverse, loin de l'élan qui lui a donné le jour. De fait, elle a été technicisée de telle manière que cette impulsion originelle en a été compromise" (p. 17). Le désappointement qu'expriment ces psychologues peut s'expliquer par quelques dérives et réductionnismes auxquels ont conduit certaines évolutions de la psychologie cognitive.

Pour l'essentiel, ses limites proviennent de l'emploi de la métaphore informatique pour analyser les processus de pensée. Cette métaphore peut s'entendre à deux niveaux. Dans une acception forte (pour reprendre l'expression de Gardner, 1985) ou perspective unitaire (Mathieu, 1986), il y a identité dans la nature des processus de pensée entre l'homme et l'ordinateur. Une science cognitive pourrait dans cette perspective se passer de la psychologie et développer une étude uniquement artificielle de l'esprit puisque ce qui est valable pour la machine est valable pour l'homme. Dans une acception faible ou perspective dualiste, l'analogie homme-ordinateur est utilisée pour tester des théories psychologiques. Bien que moins radicale que la précédente, cette position, par les contraintes qu'elle impose à la modélisation, peut contribuer à réduire les champs d'investigation de la psychologie.

Un premier risque de réduction est lié au fait que dans le souci de pratiquer la simulation informatique les psychologues limitent leurs formulations à ce qui est programmable, et importent par là même dans leurs modèles du fonctionnement humain des contraintes issues de l'état des connaissances technologiques.

Un deuxième risque concerne la réduction de concepts psychologiques. Au début de ce chapitre, nous avons indiqué que le projet de la psychologie cognitive est d'étudier les comportements en relation avec les significations que le sujet accorde à son environnement. Pour Bruner (1990), la métaphore informatique a dévoyé ce projet par les glissements opérés entre signification et information électronique. Comme nous l'avons vu en examinant la théorie mathématique des communications, le concept d'information est distinct de celui de sens ou de signification. En outre, cette métaphore n'aborde pas la construction des significations dans la mesure où "le traitement de l'information consiste à inscrire des messages à une adresse dans la mémoire, ou à aller les y chercher, selon des instructions transmises par une unité centrale ; on peut aussi les entreposer momentanément dans une mémoire-tampon. Enfin, il s'agit de les manipuler selon des procédures bien déterminées (...). Le système qui gère l'ensemble est indifférent à la nature de ce qui est stocké. Peu lui importe qu'il s'agisse de mots épars, de vers de Shakespeare, ou de nombres puisés au hasard dans une table numérique" (Bruner, *op. cit.*, p. 20). La critique énoncée par Bruner peut paraître excessive dans la mesure où nombre de psychologues cognitivistes emploient le terme d'information dans un sens beaucoup plus large que sa définition mathématique originelle, ce qui peut entraîner certaines ambiguïtés. Elle a le mérite cependant de souligner qu'une des tâches du psychologue est d'expliquer pourquoi une même information n'est pas traitée pareillement selon les contextes (question qu'abordait déjà Bruner dans l'approche New Look cf. § 2.2.2.) et d'analyser les activités de compréhension ou de conceptualisation des sujets (Vergnaud, 1989). La pertinence de cette question est illustrée notamment dans une étude de Jeffries, Polson et Razran (1977) comparant l'activité de résolution de quatre problèmes isomorphes au problème "des missionnaires et des cannibales". Alors que les quatre problèmes ont le même espace de base, le nombre de mouvements illégaux et d'erreurs varie significativement selon la manière dont le problème est énoncé.

Un risque plus fondamental était souligné dès 1967 par Neisser lorsqu'il écrivait "qu'aucun (programme) ne pourra jamais rendre justice à la complexité des processus mentaux humains. Contrairement à l'homme, les programmes d'intelligence artificielle ont un type de pensée univoque, ne peuvent être distraits, n'ont pas d'émotions." (p. 9). Cette citation de Neisser énonce la difficulté de construire une psychologie des processus cognitifs dissociés de l'ensemble des processus à l'œuvre chez le sujet. Cette difficulté et les risques d'éclatement de la discipline qu'elle recèle seront repris en conclusion de cet ouvrage.

La synthèse de ce chapitre pourrait paraître bien négative si nous ne soulignions que la simulation informatique a incité les psychologues à expliciter leurs modèles psychologiques (ce que Le Ny et Richard (1986) appellent la fonction pédagogique de l'IA). En outre, sans adhérer nécessairement à la métaphore informatique, les psychologues ont repris à leur compte une conceptualisation générale du fonctionnement humain en termes d'étapes de traitement d'information : réception, encodage, stockage, récupération... Si ces schématisations n'ont pas la puissance des modèles formels, elles fournissent cependant un langage de description commun ayant une valeur heuristique (Tiberghien, 1991, 1993). Cette conceptualisation met l'accent sur l'étude psychologique des processus d'élaboration des réponses comportementales en accordant une place centrale au concept de représentation. Elle fournit un cadre de référence transversal utilisable pour l'étude de différents processus psychologiques.

LECTURES CONSEILLÉES

Pour mieux identifier behaviorisme et cognitivisme

Le Ny, J-F. (1989), Le développement actuel de la psychologie scientifique. *L'Année Psychologique, 89*, 213-238.

Legrand, M. (1990), Du behaviorisme au cognitivisme. *L'Année Psychologique, 90*, 247-286.

Tiberghien, G. (1985), Fragments d'histoire de la psychologie, *in* J. Mathieu et R. Thomas (Eds), *Manuel de psychologie*, Paris, Vigot (pp. 19-37).

Pour approfondir l'histoire de la psychologie cognitive et des sciences cognitives

Gardner, H. (1993), *Histoire de la révolution cognitive. La nouvelle science de l'esprit*, Paris, Payot.

Le Moigne, J-L. (1986), Genèse de quelques nouvelles sciences : de l'intelligence artificielle aux sciences de la cognition, *in* J-L. Le Moigne (Ed), *Intelligence des mécanismes, mécanismes de l'intelligence*, Paris, Fayard (pp. 17-54).

Tiberghien, G. (1986b), Psychologie cognitive, science de la cognition et technologie de la connaissance, *in* J-L. Le Moigne (Ed), *Intelligence des mécanismes, mécanismes de l'intelligence*, Paris, Fayard (pp. 173-191).

CORRECTION DE L'EXERCICE PRÉSENTÉ DANS LE § 3.1. p. 139

Décomposition de la phrase "L'étudiant lit le livre"

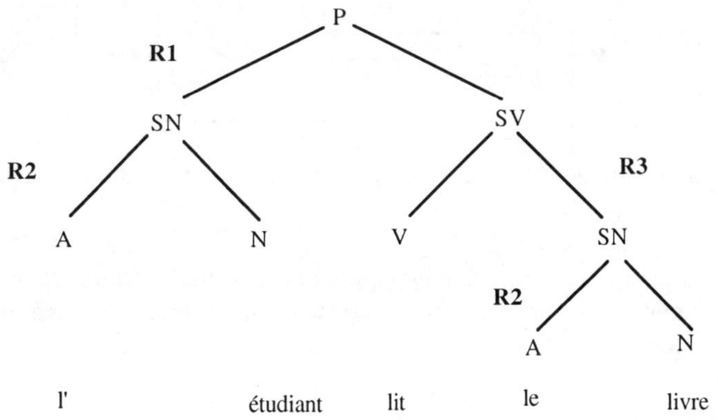

EXERCICES DE RÉVISION DU CHAPITRE III

I - Remplissez les blancs

a - Pour un cognitiviste, l'objet de la psychologie est l'étude des ...., c'est-à-dire l'étude des processus internes .... des données de l'environnement et des processus internes .... des réponses comportementales.

b - Pour Piaget, les structures de connaissance appelées .... résultent d'un équilibre entre des activités d'.............................. et d' ....

c - Les concepts cybernétiques de .... et de............................ ont été repris en psychologie pour définir une unité d'étude du comportement appelée ....

d - Bartlett a développé le concept de .... pour rendre compte des transformations affectant le rappel. Cette structure se distingue de celles proposées par la .... théorie.

e - Complétez le schéma du STI ci-dessous

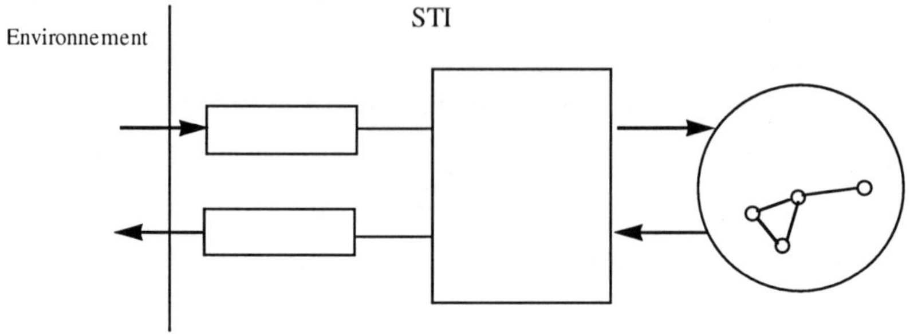

f - La notion de variable intermédiaire a été introduite en psychologie par ....

g - .... a développé une analyse critique de la conception skinnérienne des comportements verbaux et a proposé une analyse structurale de la langue appelée ....

II - Résolvez les problèmes

a - En reprenant l'expérience de Bugelski et Alampay (1961), le psychologue Ratman constitue deux groupes de sujets. Dans la première partie de l'expérience, on montre aux sujets du groupe 1 une série de dessins d'animaux et aux sujets du groupe 2, une série de dessins de visages. Puis, on présente à tous les sujets le dessin ci-dessous en leur demandant d'indiquer ce que représente le dessin.

Les sujets du groupe 1 répondent massivement "un rat", alors que les sujets du groupe 2 répondent massivement "un homme".

Questions :

- Quelle théorie de l'activité perceptive ces résultats illustrent-ils ?
- Quel est le déterminant manipulé dans cette étude ?
- Quel auteur et quelle école ont développé cette théorie de la perception ?

b - On lit à des sujets une liste de mots qu'ils doivent ensuite rappeler. La liste est composée des 24 mots suivants.

Beurre - Coiffeur - Roti - Maçon - Veston - Renard - Souris - Tarte - Chapeau - Chandail - Plâtrier - Chèvre - Persil - Blouson - Biche - Douanier - Gilet - Chauffeur-Postier - Jument - Radis - Biscuit - Chameau - Jupe.

Questions :
- Pourquoi le sujet ne peut-il rappeler toute la liste après une seule écoute ?
- Quel conseil lui donneriez-vous pour faciliter l'apprentissage de la liste ?
- A quel auteur et à quelle notion vous référez-vous pour donner ce conseil ?

c - Soit les deux problèmes suivants de géométrie :

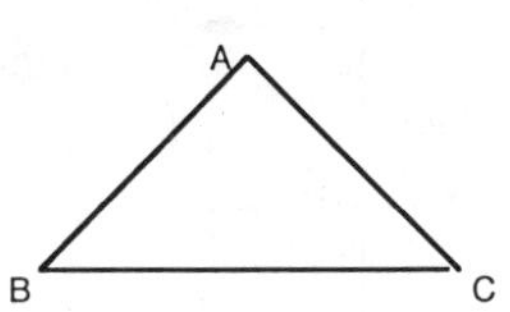

Problème 1. Calculez la surface du triangle rectangle isocèle ABC, sachant que AB = a

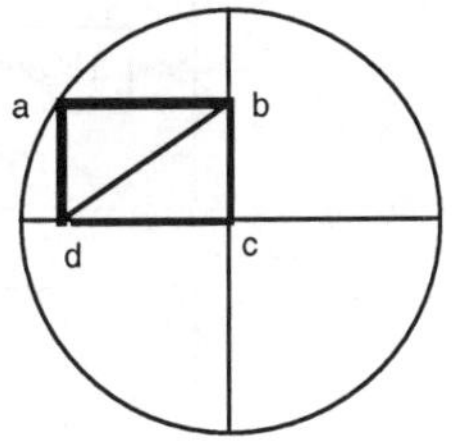

Problème 2. Soit un rectangle abcd inscrit dans un cercle de rayon r. Calculez la diagonale bd

Les solutions sont évidentes dès que :

Le triangle est perçu comme la moitié du carré ABCD
Réponse : $a\,^{2}/_{2}$

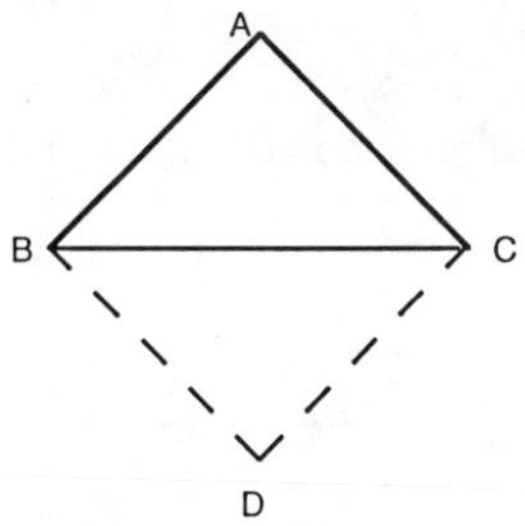

L'autre diagonale ac est projetée
Réponse : bd = r

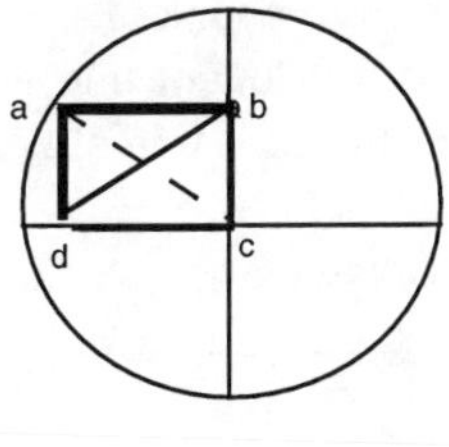

Questions :
- Quelle parenté psychologique identifiez-vous entre ces deux problèmes ?
- Quelle modalité de découverte de la solution est évoquée dans la formulation des réponses au problème ?
- Quelle école a développé cette conception de la résolution de problème ?

CORRECTION DES EXERCICES

I - Les blancs

a - conduites / d'interprétation / d'élaboration ou organisation
b - schèmes / assimilation / accommodation
c - feedback / but / TOTE
d - schéma / Gestalt
e -

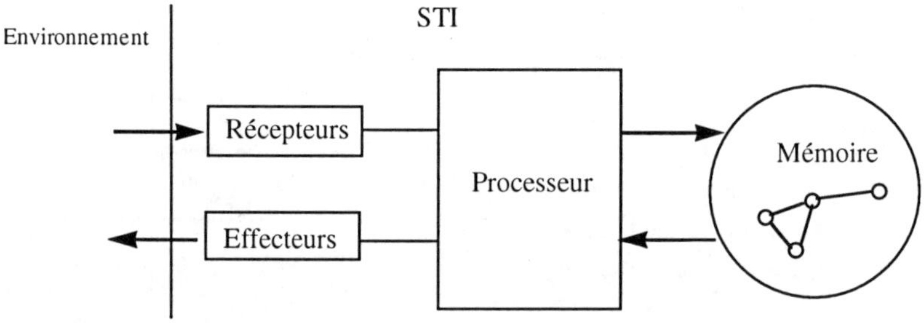

f - Tolman
g - Chomsky / grammaire générative

II - Les problèmes

a - théorie de l'hypothèse / expérience antérieure / Bruner / école du New Look
b - la longueur de la liste est supérieure à la capacité de stockage immédiat (environ 7)
- regrouper les mots à apprendre en catégories (métiers, vêtements, aliments, animaux)
- Miller / chunk

c - Ils impliquent une activité de restructuration, passage d'une structure de données à une structure de solution
- insight
- Gestalt

NOTES

1. Dans la littérature, le terme cognitivisme est parfois employé au sens étroit (modèle TI), parfois au sens large (psychologie des conduites). Comme Le Ny (1982) et Reuchlin (1990), nous utilisons cette seconde acception.
2. Le terme structure employé dans ce chapitre ne doit pas être confondu avec le terme de structuralisme par lequel Titchener a lui-même défini sa propre école. Pour ce dernier, la psychologie structuraliste se limite à établir l'inventaire des éléments du contenu de la conscience. En revanche, pour différents auteurs examinés dans ce chapitre, les relations entre les éléments sont premières.
3. *Etudes expérimentales sur la vision du mouvement.*
4. *L'intelligence des singes supérieurs* (1927), Paris, Alcan.
5. Cet exemple est tiré d'un article de von Ehrenfels (1890) qui a inspiré la théorie gestaltiste.
6. Nous ne traitons pas dans cet ouvrage des remises en cause du concept de structure d'ensemble issues des constats de la variabilité de l'âge d'acquisition de notions supposées structuralement équivalentes.
7. Notamment la notion de schéma, mais aussi sa conception de l'activité de résolution de problème comme "un déplacement à travers une succession d'étapes interconnectées" (1958, p. 75).
8. Tolman a introduit le concept de variable intermédiaire en psychologie, lors du congrès de l'Association des Psychologues américains en 1937, texte publié en 1938.
9. Ces processus n'ont pas un caractère conscient.
10. Conférences publiées *in* N. Chomsky (1968). *Language and mind* ; traduction française (1973). *Le langage et la pensée*, Paris, Payot.
11. A lire l'énoncé de ce projet, on comprend que Skinner ait traité Chomsky de "mentaliste" et critiqué son point de vue : dire que les productions langagières de l'enfant sont générées par sa connaissance d'une théorie de la langue n'a pas plus de sens que "dire d'un chien qui a appris à attraper une balle qu'il a construit un chapitre de la mécanique" (1971, p. 172).
12. Une traduction française d'une partie de ce texte se trouve dans l'ouvrage de A. Pélissier et A. Tête (1995).
13. On notera que, dans leur typologie comportementale, les auteurs distinguent des comportements dirigés par des buts sans feedback, ainsi que des comportements dirigés par des buts avec feedback positif, c'est-à-dire que les informations en retour s'ajoutent aux signaux d'entrée et n'ont pas une fonction correctrice.
14. G. Bateson (anthropologue), J. Bigelow (ingénieur), G. von Bonin (neuro-anatomiste), L. Frank (sciences sociales), R. Gerard (neurophysiologiste), M. Harrower (psychologue), G. Hutchinson (écologiste), H. Klüver (psychologue), L. Kubie (psychanalyste), P. Lazarsfeld (sociologue), K. Lewin (psychologue), R. Lorente de No' (neurophysiologiste), W. McCulloch (neuropsychiatre), M. Mead (anthropologue), J. von Neumann (mathématicien), F. Northrop (philosophe), W. Pitts (mathématicien), A. Rosenblueth (physiologiste), L. Savage (mathématicien), N. Wiener (mathématicien). D'autres psychologues participeront à certaines de ces conférences, notamment A. Bavelas, L. Festinger, W. Köhler.
15. La notion de plan de Miller et *al.* et la notion de stratégie de Bruner et *al.* sont proches dans la mesure où elles traduisent la volonté d'identifier les règles organisatrices de patterns comportementaux. Elles se distinguent par le fait que Bruner et *al.* introduisent dans la notion de stratégie des critères décisionnels.
16. Pour une présentation plus détaillée de cette perspective, voir Cellier et Terrier (à paraître) dans cette collection.

17. Traduction française de l'ouvrage de Shannon et Weaver sous le titre *Théorie mathématique de la communication* (1976), Paris, CELP. Le lecteur trouvera également une traduction d'un article de Weaver (1949) dans l'ouvrage dirigé par A. Pélissier et A. Tête (*op. cit.*).
18. A distinguer du connexionnisme dont nous ne parlerons pas dans cet ouvrage. Pour une présentation comparée des intérêts des modèles computo-symboliques et connexionnistes en psychologie, voir par exemple Tiberghien (1993).
19. Pour une présentation en français de l'œuvre de Simon, Voir Demailly et Le Moigne (1986).
20. Pour une présentation de ces notions en français, voir par exemple Richard (1994).
21. Une méthode algorithmique est constituée d'un ensemble de règles dont l'application systématique garantit l'atteinte du but, alors qu'une méthode heuristique fournit une démarche générale d'analyse mais n'assure pas nécessairement l'atteinte du but.

CONCLUSION

Au terme de ce voyage dans le passé de la psychologie générale, il apparaît nécessaire de dégager un bilan de son évolution depuis sa séparation d'avec la philosophie. Comme le résume la Figure 2 qui clôt l'introduction de cet ouvrage, la conception de l'évolution des sciences de Kuhn nous a conduit à identifier les principaux paradigmes qui ont organisé le développement de la psychologie générale. Nous en résumerons tout d'abord les principaux cadres de référence et les méthodes d'étude. Toutefois, en accord avec la perspective dynamique de la théorie de Kuhn, et en référence à la Figure 2, l'histoire de la psychologie générale n'apparaît pas comme une succession stricte d'étapes paradigmatiques. En effet, au cours d'une même période, coexistent des recherches fondées sur le paradigme dominant, d'autres inspirées par des modèles antérieurs, et certaines préparant une révolution conceptuelle. C'est pourquoi, dans un second temps, nous resituerons dans leur dimension temporelle les recherches présentées dans cet ouvrage. Enfin, nous tenterons d'esquisser une perspective possible d'évolution de la discipline.

Evolution paradigmatique de la psychologie générale

Rappelons qu'après avoir examiné la manière dont la psychologie générale s'était constituée, nous avons traité des paradigmes behavioristes et cognitivistes. Nous résumerons la définition de l'objet de la psychologie adoptée à chacune de ces phases en empruntant à Fraisse (1968) une schématisation des phénomènes psychologiques. Fraisse y propose une représentation spatialisée de l'homme distinguant l'esprit (E), le corps (C) et le milieu (M), figurés par des cercles concentriques. Dans les commentaires de ces schémas, nous articulerons les définitions de l'objet adoptées et les démarches d'étude privilégiées.

Avec *les pionniers de la psychologie*, les faits considérés comme fondamentaux sont les données de la conscience. Mais, alors que la philosophie empiriste associationniste étudiait ces faits de conscience en eux-mêmes et pour eux-mêmes, les pionniers ont orienté leurs travaux vers l'étude des relations entre ces faits et les caractéristiques du milieu, relations symbolisées dans le schéma ci-dessous par la mise en correspondance de l'esprit (E) et du milieu (M). Comme nous l'avons montré dans le chapitre I, cette période est cependant marquée par la coexistence de l'étude d'états de conscience (Wundt) et de fonctions psychologiques comme la mémoire (Ebbinghaus) ou l'intelligence (Binet).

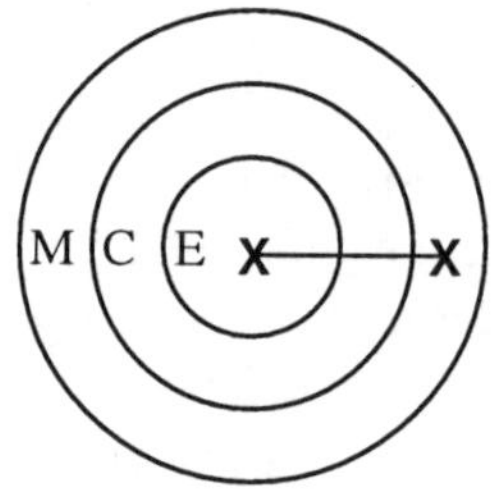

Par l'intermédiaire de la physiologie, ces pionniers ont adhéré au modèle des sciences de la matière du XIXe siècle. Sous ce modèle, leur démarche d'étude a été *analytique* (ou élémentariste). Leurs travaux, inspirés par les principes de la méthode expérimentale et par le souci de quantifier les faits, ont abouti à l'établissement de lois générales.

Avec *le paradigme behavioriste*, les faits psychologiques à étudier sont devenus des phénomènes publiquement observables : ce sont les réponses émises par un organisme en réaction à des stimuli. La psychologie se définit alors comme la science du comportement. Comme l'indique le schéma, elle exclut l'esprit de toute investigation psychologique et se limite à l'étude des relations S-R.

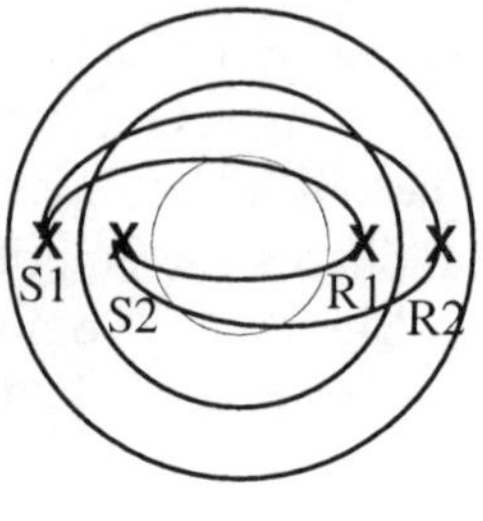

Influencé par la physiologie et la psychologie animale de Pavlov et Thorndike, le behaviorisme conçoit la psychologie comme une branche des sciences de la nature. Initié par Watson et développé notamment par Skinner, le paradigme behavioriste a poursuivi une approche analytique (les réflexes sont à la base de la formation des habitudes complexes), cherché à établir des lois S-R par l'emploi de méthodes objectives et expérimentales, privilégié une explication mécaniste du comportement.

Avec *le paradigme cognitiviste*, les phénomènes mentaux sont réintroduits dans le schéma S-R : si les comportements observables restent les faits à expliquer, leur compréhension ne peut faire l'économie d'une analyse des processus internes (P) qui les organisent et leur donnent sens. La psychologie se définit alors comme la science des conduites, ce que nous avons appelé le cognitivisme. A l'intérieur de ce paradigme, la psychologie générale s'est donné pour objectif d'étudier les processus cognitifs intermédiaires entre les stimulations du milieu (S) et les réponses du sujet (R), d'où son nom de psychologie cognitive. Comme l'indique la figure 2, cette psychologie s'est développée à la conjonction de remises en cause internes et externes du paradigme behavioriste.

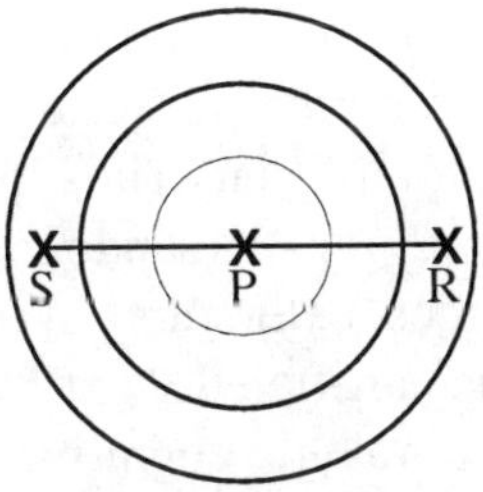

Pour reprendre modestement quelques-unes des réflexions de Reuchlin (1995), la psychologie cognitive, tout en conservant une démarche scientifique, tend à substituer à l'approche analytique une approche structurale des conduites, à remplacer la causalité linéaire par une causalité systémique visant à expliquer le comportement par le fonctionnement de structures psychiques.

Evolution historique de la psychologie générale

Pour compléter cette synthèse qui spécifie les cadres d'analyse successifs des phénomènes psychologiques, il apparaît judicieux d'en retracer le décours temporel. A cette fin, nous avons repris les différents auteurs et travaux examinés dans cet ouvrage en distinguant deux périodes : la première de 1860 à 1910, la seconde de 1911 à 1970 (voir "Quelques repères chronologiques" pp. 185 - 186).

A l'examen de *la première période* qui débute avec la publication de l'ouvrage de Fechner, deux faits méritent d'être soulignés :

— en une dizaine d'années, la psychologie s'est affirmée institutionnellement en tant que discipline ; dans la plupart des pays, des laboratoires de psychologie et des revues spécialisées ont été créés et le premier Congrès International de Psychologie (intitulé plus précisément Psychologie Physiologique) s'est tenu à Paris en 1889 à l'occasion du centenaire de la Révolution française et de l'Exposition universelle.

— au cours de cette période sont également jetées les bases des grands domaines d'étude de la psychologie : générale (Fechner, Ebbinghaus), différentielle (Galton), animale (Thorndike, et en physiologie, Pavlov), développementale (Binet), sociale (Wundt) et pathologique (Ribot).

Au cours de *la seconde période* qui débute avec la parution du manifeste de Watson en 1913, nous avons mis en regard les deux paradigmes behavioriste et cognitiviste. L'examen du tableau récapitulatif et de la figure 2 montre clairement que, contrairement à ce que notre présentation pourrait induire, les deux paradigmes ne se sont pas succédés : alors que le behaviorisme était dominant aux Etats-Unis, les psychologues européens ont été moins enclins, par tradition, à abandonner l'étude de l'homme et de son esprit. Si des disciplines extérieures à la psychologie, comme la cybernétique et l'intelligence artificielle, ont fourni des outils conceptuels et méthodologiques à la psychologie cognitive contemporaine, le basculement des années 60 avait également été préparé et légitimé par les psychologues qui n'avaient pas renoncé à étudier les activités complexes de l'être humain. C'est en ce sens que l'on peut interpréter la phrase d'Herbert Simon prononcée lors d'une conférence à Paris en 1965 : "Je suis suisse" (*in* Demailly et Le Moigne, 1986) en référence à l'œuvre de Piaget. Parallèlement, le behaviorisme n'a pas disparu dans les années 60. En témoigne un article de Skinner, paru en 1985, dans lequel, paraphrasant Zola, l'auteur accuse notamment les cognitivistes "de spéculer sur les processus internes étant donné qu'ils n'ont aucun moyen approprié d'observation (...) ; de faire renaître une théorie dans laquelle les sentiments et les pensées observés par introspection sont considérés comme les causes du comportement (...) ; d'inventer, tout comme les psychanalystes, des systèmes explicatifs admirés pour une profondeur qu'il conviendrait plutôt d'appeler inaccessibilité" (p. 300).

Quelles perspectives pour la psychologie générale ?

Nous venons de retracer un siècle de psychologie en nous en tenant volontairement à l'émergence du paradigme cognitiviste. A la fin du siècle dernier, la préoccupation majeure des pionniers était d'établir une discipline psychologique autonome. Aujourd'hui, si les psychologues scientifiques partagent les mêmes règles de production des connaissances — c'est-à-dire le caractère explicite, public et vérifiable de leurs affirmations et méthodologies (Reuchlin, 1992) —, la spécialisation des objets d'étude, la juxtaposition de modèles locaux et le faible usage de situations naturelles entravent la compréhension globale que les psychologues peuvent avoir des conduites humaines. A la fin de ce siècle, la question essentielle qui se pose donc aux psychologues paraît être celle du maintien de l'unité de la psychologie ou, au contraire, de son émiettement (voir diverses contributions *in* Fraisse, 1982 ; Tiberghien, 1986a ; Prévost, 1994). Les craintes d'éclatement et ses conséquences sur la formation et la pratique des psychologues, ne sont pas nouvelles (Lagache, 1949). En référence à la conception de Kuhn, la situation actuelle de la psychologie peut être vue plus positivement comme une étape de transition paradigmatique se manifestant par des remises en cause du modèle Traitement de l'Information. Enoncée par plusieurs auteurs (par exemple, Neisser, 1967 ; Tiberghien, 1986a ; Reuchlin, 1990), la critique la plus sévère a trait à la réduction du psychologique au cognitif. La métaphore informatique peut conduire les psychologues à concevoir la cognition comme un système isolé et étudiable indépendamment des autres systèmes de la personnalité, ce que Norman (1980) appelle l'étude du *Pure Cognitive System* (PCS). Comme le souligne cet auteur, le système cognitif humain est asservi à la réalisation de besoins fondamentaux tels que survivre, se nourrir, se protéger, assurer sa reproduction physiologique et culturelle. La construction et le fonctionnement du système cognitif ne peuvent être compris indépendamment des fonctions qu'il assure dans un système biologique, — et non technologique — plus global, et ajouterons-nous, inséré dans un système socio-culturel. Il suffira au lecteur de lire le compte rendu de l'accident de Tchernobyl rapporté par Reason (1987) pour se convaincre que l'homme n'est pas un PCS et que son efficacité s'inscrit dans le tout complexe que l'homme constitue. Une réponse à un dysfonctionnement tel que celui de Tchernobyl consisterait à prôner le remplacement de l'homme par la machine. Mais la tâche du psychologue est plutôt de comprendre ce qui affecte l'efficacité du système cognitif, c'est-à-dire de comprendre le fonctionnement humain.

Cette critique dessine ce que pourrait être une des évolutions paradigmatiques de la psychologie générale, évolution que l'on peut résumer en reprenant le souhait de Denis de "promouvoir une psychologie scientifique (...) qui, au lieu de confier à des chercheurs distincts et qui souvent s'ignorent l'investigation des aspects cognitifs et celle des aspects affectifs et sociaux du développement humain, puisse réunir dans un même discours et, si possible, dans un même effort théorique, ces deux champs de notre savoir psychologique" (*in* Fraisse, 1982, p. 341). Les prémisses d'une telle évolution sont perceptibles depuis quelques années, notamment dans des recherches conduites dans le domaine de l'éducation. Celles-ci montrent que le fonctionnement du système cognitif et son efficacité dépendent des expériences émotionnelles et affectives éprouvées par le sujet en cours d'activité (par exemple, Benjamin et McKeachie, 1981), ainsi que de la signification qu'il accorde à la situation en fonction de buts à plus ou moins long terme (par exemple, Ames et Archer, 1988 ; Schraw et *al.*, 1995) et de positions sociales (par exemple, Monteil, 1993). En retour, les activités cognitives (compréhension de la tâche, choix et mise en œuvre de stratégies) affectent les états motivationnels du sujet comme en témoignent les recherches dans le champ de la métacognition et de la remédiation cognitive (par exemple, Schunk et Cox, 1986 ; Huet et *al.*, 1994). Cependant, pour que ces recherches débouchent sur un programme paradigmatique, il reste à développer un modèle et des méthodes d'étude des interactions systémiques entre les différents processus intervenant dans l'organisation et la transformation des conduites, telles qu'elles apparaissent dans les approches métacognitives (par exemple, Borkowski et *al.*, 1990) ou sociocognitives (par exemple, Zimmerman, 1989) de l'auto régulation.

QUELQUES REPÈRES CHRONOLOGIQUES

1860 Fechner publie *Eléments de psychophysique*

Wundt publie *Contributions à la théorie de la perception sensorielle*

Galton étudie les différences individuelles

1870 Ribot publie *La psychologie anglaise contemporaine*

Création du premier Laboratoire de Psychologie à l'Université de Leipzig (Allemagne)

1880

Création de la revue *Etudes philosophiques*

Création du Laboratoire de Psychologie de l'Université John Hopkins (USA)

Ebbinghaus publie *Sur la mémoire*

Création des revues *American Journal of Psychology* et *Psychological Review*

Création du Laboratoire de Psychologie Physiologique de la Sorbonne

Premier Congrès International de Psychologie à Paris

1890 James publie *Principles of psychology*

Titchener fonde le structuralisme

Dewey fonde "l'Ecole de Chicago" (le fonctionnalisme)

Création de la revue *L'Année Psychologique*

Thorndike publie *Animal intelligence*

1900 Freud publie *L'interprétation des rêves*

Pavlov présente ses premiers travaux sur le conditionnement

Binet et Simon conçoivent le premier test d'intelligence

Piéron prononce sa leçon inaugurale

1910

	Behaviorisme	Cognitivisme	Disciplines extérieures
1910			
	Manifeste de Watson		
		Etude des singes par Köhler	
1920			
		Le langage et la pensée (Piaget)	
		Janet définit la conduite	
		Gestalt psychology (Köhler)	
1930			
		Purposive behavior (Tolman) *Remembering* (Bartlett)	
		Principles of Gestalt Psychology (Koffka) *La naissance de l'intelligence* (Piaget)	Machine de Turing
	The behavior of organism (Skinner)		
1940			
	Principles of Behavior (Hull)		Cybernétique
		Productive thinking (Wertheimer)	Architecture von Neumann
1950		*Introduction à l'épistémologie génétique* (Piaget)	Théorie des communic.
		A study of thinking (Bruner et *al.*)	Logic Theorist *Syntactic structures*
1960		*Plans and the structure of behavior* (Miller et *al.*)	
		Cognitive psychology (Neisser) *Biologie et connaissance* (Piaget)	
1970	*L'analyse expé. du comportement* (Skinner)		

COMPLÉMENTS BIOGRAPHIQUES SUR QUELQUES AUTEURS

Angell J. R. (1869-1949)
Elève de Dewey et de James. A créé le Laboratoire de Psychologie de l'université du Minnesota. Professeur de psychologie à l'Université de Chicago. Membre de l'école fonctionnaliste.

Baldwin J. M. (1861-1934)
Docteur en philosophie. Fondateur avec Cattell de la revue *Psychological Review*. Adhère à la conception fonctionnaliste. Promoteur de la psychologie génétique inscrite dans une perspective comparative.

Cattell James McKeen (1860-1944)
Psychologue américain, formé chez Wundt. S'est intéressé à l'étude des différences individuelles dans les processus élémentaires (sensation, temps de réaction...). A été le premier à employer le terme de test mental en 1890.

Charcot J-M. (1825-1893)
Anatomo-pathologiste français, spécialiste de l'hystérie et de son traitement par l'hypnose. Directeur de la clinique connue sous le nom d'Ecole de la Salpêtrière où il aura pour élève de nombreux savants, dont Binet, Freud, Janet.

Claparède E. (1873-1940)
Psychologue suisse connu pour ses recherches sur l'intelligence et pour son souci d'application de la psychologie à l'enfant. Fonctionnaliste, s'oppose à l'associationnisme en concevant l'intelligence comme un acte d'adapta-

tion du sujet au moyen de tâtonnements systématiques intériorisés ou dirigés par des hypothèses.

Donders F. C. (1818-1889)
Médecin hollandais. A transféré la technique des temps de réaction utilisée en physiologie à l'étude des opérations mentales (discrimination de deux stimulations, par exemple) selon un principe d'additivité des temps de réaction élémentaires de chaque opération. Technique encore utilisée de nos jours en psychologie cognitive.

Fraisse P. (1911-1996)
Professeur de psychologie expérimentale ayant contribué au développement de la psychologie scientifique en France. A la suite de Piéron, a pris la direction du Laboratoire de psychologie expérimentale et comparée de l'Ecole Pratique des Hautes Etudes et de l'Institut de Psychologie de Paris. A dirigé la revue *L'Année Psychologique* et co-dirigé avec Jean Piaget *Le Traité de Psychologie Expérimentale.*

Galton F. (1822-1911)
Savant anglais, demi-cousin de Charles Darwin. Convaincu de l'hérédité des caractères, a fondé l'eugénisme. Dans son étude des différences individuelles et de la transmission héréditaire, a élaboré des méthodes de mesure et des outils statistiques de traitement (corrélation, régression).

Hall G. S. (1844-1924)
Doctorat en philosophie réalisé sous la direction de James. A effectué un séjour en Allemagne dans le laboratoire de Wundt. Outre la création du premier laboratoire de psychologie, a fondé la première revue *American Journal of Psychology.* Intéressé par la psychologie expérimentale et la psychologie génétique.

Helmholtz H. von. (1821-1894)
Chirurgien et physiologiste allemand. A notamment introduit en physiologie la technique des temps de réaction pour mesurer la vitesse de propagation de l'influx nerveux chez l'animal et l'homme. A également développé une théorie de la perception, dite de l'inférence inconsciente, selon laquelle nos connaissances antérieures interprètent nos sensations.

Inhelder B. (1913-1997)
Psychologue suisse ayant suivi les enseignements de Claparède et de Piaget. A appliqué la théorie piagétienne au dépistage des déficiences

mentales et a impulsé une approche procédurale des conduites de l'enfant. A succédé à Piaget comme titulaire de la Chaire de Psychologie Génétique et Expérimentale de l'Université de Genève.

Külpe O. (1862-1915).
Psychologue allemand formé chez Wundt. Principal animateur d'une école de psychologie dite Ecole de Würzbourg. A eu pour projet d'étudier les actes mentaux supérieurs par l'emploi systématique de l'introspection.

Lewin K. (1890-1947).
Psychologue social américain. A travaillé initialement à Berlin dans le cadre de la Gestalt théorie, puis émigré en 1930 aux Etats-Unis où il a développé la psychologie sociale. A élaboré une théorie de la dynamique de la personnalité et des phénomènes de groupes.

Piéron H. (1881-1964).
Physiologiste de formation, a surtout développé des études comparatives. Successeur de Binet à la direction du Laboratoire de psychologie et de *L'Année Psychologique*, a créé l'Institut de Psychologie et l'Institut National d'Orientation Professionnelle.

Ribot T. (1839-1916).
Philosophe français ayant contribué à l'introduction de la psychologie expérimentale et au développement de la psycho-pathologie. Titulaire d'une chaire de psychologie expérimentale et comparée au Collège de France.

Stern W. (1871-1938).
Psychologue allemand, élève d'Ebbinghaus. Après s'être intéressé à l'étude des différences individuelles (formulation du QI), il a poursuivi ses recherches dans des situations de la vie quotidienne, dans le souci d'une approche globale de la personnalité.

Terman L. M. (1877-1956).
Psychologue américain. Héréditariste convaincu, a travaillé sur les différences individuelles, la précocité et le retard mental. A élaboré une adaptation de l'Echelle Binet-Simon.

Yerkes R. M. (1876-1956).
Docteur en psychologie. Directeur du Laboratoire de psychologie animale de l'Université de Harvard. Spécialiste de psychologie animale comparée, a étudié diverses espèces, du crabe aux primates.

RÉFÉRENCES

Abdi H. (1986). La mémoire sémantique. *In* C. Bonnet, J-M. Hoc et G. Tiberghien (Eds), *Psychologie, intelligence artificielle et automatique*. Bruxelles, Mardaga (pp. 138-151).

Ames C., Archer J. (1988). Achievement in the classroom : student learning strategies and motivational processes. *Journal of Educational Psychology*, *80*, 260-267.

Avanzini G. (1974). *A. Binet, Ecrits psychologiques et pédagogiques*. Toulouse, Privat.

Ayllon T., Haughton E. (1962). Control of the behavior of schizophrenic patients by food. *Journal of Experimental Analysis of Behavior*, *5*, 343-352.

Bartlett F. C. (1932). *Remembering*. Cambridge : Cambridge University Press.

Bartlett F. C. (1958). *Thinking. An experimental and social study*. Londres, Unwin University Books.

Benjamin M., McKeachie W. J. (1981). Test anxiety : deficits in information processing. *Journal of Educational Psychology*, *73*, 816-824.

Binet A. (1911). *Les idées modernes sur les enfants*. Paris, Flammarion (édition 1973).

Binet A., Simon T. (1908). Le développement de l'intelligence chez les enfants. *L'Année Psychologique*, *14*, 1-94.

Binet A., Simon T. (1909). L'intelligence des imbéciles. *L'Année Psychologique*, *15*, 1-147.

Borkowski J. G., Carr M., Rellinger E., Pressley M. (1990). Self-regulated cognition : Interdependance of metacognition, attributions, and self-esteem. *In* J. Beaufly et J. Lorna (Eds), *Dimensions of thinking and cognitive instruction*. Hillsdale (NJ), LEA (pp. 53-92).

Broadbent D. E. (1958). *Perception and communication*. Londres, Pergamon Press.

Bronckart J. P. (1977). *Théories du langage. Une introduction critique*. Bruxelles, Mardaga.

Bruner J. S. (1990). *Acts of meaning*. New York : Harvard University Press. Traduction française (1991), *Car la culture donne forme à l'esprit. De la révolution cognitive à la psychologie culturelle*. Paris, Eshel.

Bruner J. S., Anglin J. M. (1973). *Beyond the information given*. Londres : Unwin Brothers.

Bruner J. S., Goodman C. C. (1947). Value and need as organizing factors in perception. *Journal of Abnormal and Social Psychology*, *42*, 33-44.

Bruner J. S., Goodnow J. J., Austin G. A. (1956). *A study of thinking*. New York, Wiley.

Cadet B. (1998). *Psychologie cognitive*. Paris, In Press.

Camus J-F. (1996). *La psychologie cognitive de l'attention*. Paris, Armand Colin.

Carmichael L. L., Hogan H. P., Walter A. A. (1932). An experimental study of the effect of language on the reproduction of visually perceived form. *Journal of Experimental Psychology*, *15*, 73-86.

Caverni J-P. (1991). La verbalisation comme source d'observables pour l'étude du fonctionnement cognitif. *In* J-P. Caverni, C. Bastien, P. Mendelsohn et G. Tiberghien (Eds), *Psychologie cognitive : modèles et méthodes*. Grenoble, PUG (pp. 253-273).

Cellerier G. (1979). Structures cognitives et schèmes d'action. I. *Archives de Psychologie*, *47*, 87-103.

Chomsky N. (1957). *Syntactic structures*. La Hague : Mouton. Traduction française (1969), *Structures syntaxiques*. Paris, Seuil.

Chomsky N. (1959). A review of B. F. Skinner's Verbal Behavior. *Language*, *35*, 26-58. Traduction française (1969), *Langages*, *16*, 16-49.

Chomsky N. (1968). *Language and Mind*. New York, Harcourt, Brace & World. Traduction française (1973), *Le langage et la pensée*. Paris, Payot.

Collins A. M., Quillian M. R. (1969). Retrieval time from semantic memory. *Journal of Verbal Learning and Verbal Behavior*, *8*, 240-247.

Crowder N. A. (1959). Automatic tutoring by means of intrinsic programming. *In* E H. Galanter (Ed), *Automatic teaching : The state of the art*. New York, John Wiley (pp. 109-116).

Curie J. (1992). Réflexions sur la psychologie de l'apprentissage. *In* F. Ginsbourger, V. Merle et G. Vergnaud (Eds), *Formation et apprentissage des adultes peu qualifiés*. Paris, La Documentation Française (pp. 213-216).

Dellarosa D. (1988). A history of thinking. *In* R. J. Sternberg et E. E. Smith (Eds), *The psychology of human thought*, Cambridge (MA), Cambridge University Press (pp. 1-18).

Delorme A. (1982). *Psychologie de la perception*. Paris, Vigot.

Demailly A. Le Moigne J-L (1986). *Sciences de l'intelligence. Sciences de l'artificiel*. Lyon, PUL.

Dewey J. (1896). The reflex arc concept in psychology. *Psychological Review, 3*, 357- 370.

Ducret J-J. (1990). *Jean Piaget. Biographie et parcours intellectuel*. Neuchâtel, Delachaux et Niestlé.

Duncker K. (1945). On problem solving. *Psychological Monographs, 58*, 5.

Dupuy J-P. (1994). *Aux origines des sciences cognitives*. Paris, Editions La Découverte.

Ehrlich S. (1969). Le concept de variable intermédiaire. *Bulletin de Psychologie, 276*, 9-13.

Ehrlich S. (1975). *Apprentissage et mémoire chez l'homme*. Paris, PUF.

Faverge J-M., Olivier M., Delahaut J., Stephanek P., Falmagne J-C. (1966). *L'ergonomie des processus industriels*. Bruxelles, Ed. de l'Université Libre de Bruxelles.

Fraisse P. (Ed) (1982). *Psychologie de demain*. Paris, PUF.

Fraisse P. (1963). L'évolution de la psychologie expérimentale. *In* P. Fraisse et J. Piaget (Eds), *Traité de psychologie expérimentale. I. Histoire et méthode*. Paris, PUF (pp. 1-70).

Fraisse P. (1964). Approche scientifique des problèmes psychologiques : perception et information. *Bulletin de Psychologie, 17*, 1136-1148.

Fraisse P. (1968). *Manuel pratique de psychologie expérimentale*. Paris, PUF (3e édition).

Fraisse P. (1968). Modèles pour une histoire de la psychologie. *Bulletin de Psychologie, 22*, 9-13. Republié *in* Fraisse P. (1988). *Pour la psychologie scientifique*. Bruxelles, Mardaga (pp. 87-100).

Fraisse, P. (1980). Discussion de l'exposé de M. Richelle : l'approche behavioriste. *In* M. Richelle et X. Séron (Eds), *L'explication en psychologie*. Paris, PUF (pp. 213-215).

Gardner H. (1985). *The mind's new science. A history of cognitive revolution.* New York, Basic Books. Traduction française (1993), *Histoire de la révolution cognitive. La nouvelle science de l'esprit.* Paris, Payot.

Georges C. (1985). L'apprentissage. *In* J. Mathieu et R. Thomas (Eds), *Manuel de psychologie*. Paris, Vigot (pp. 205-221).

Greco P. (1973). Epistémologie de la psychologie. *In* J. Piaget (Ed), *Logique et connaissance scientifique*. Paris, Gallimard (pp. 927-991).

Guillaume P. (1937). *La psychologie de la forme*. Paris, Flammarion.

Guillaume P. (1946). *Introduction à la psychologie*. Paris, Vrin.

Hodges A. (1983). *Alan Turing : the enigma of intelligence*. Londres, Burnett Books. Traduction française (1988), *Alan Turing ou l'énigme de l'intelligence*. Paris, Payot.

Huet N., Mariné C., Escribe C. (1994). Auto-évaluation des compétences en résolution de problèmes chez des adultes peu qualifiés. *Journal International de Psychologie, 29*, 273-289.

Hull C. L. (1943). *Principles of behavior*. New York, Appleton-Century-Crofts

Hunt E. (1989). Cognitive science : definition, status, and questions. *Acta Psychologica, 40*, 603-629.

Jeffries R., Polson P. G., Razran L. (1977). A process model for missionaries-cannibals and other river-crossing problems. *Cognitive Psychology, 9*, 412-440.

Jones M. C. (1924). The elimination of children's fears. *Journal of Experimental Psychology, 7*, 382-390.

Köhler W. (1927). *L'intelligence des singes supérieurs*. Paris, Alcan.

Kuhn T. S. (1962). *The structure of scientific revolutions*. Chicago, University of Chicago Press. Traduction française (1983), *La structure des révolutions scientifiques*. Paris, Flammarion.

Lagache D. (1949). *L'unité de la psychologie*. Paris, PUF.

Le Moigne J-L. (1986). Genèse de quelques nouvelles sciences : de l'intelligence artificielle aux sciences de la cognition. *In* J-L. Le Moigne (Ed), *Intelligence des mécanismes, mécanismes de l'intelligence.* Paris, Fayard (pp. 17-54).

Le Ny J-F. (1964). Les réactions conditionnelles. *In* P. Fraisse et J. Piaget (Eds), *Traité de psychologie expérimentale. IV-Apprentissage et mémoire*. Paris, PUF (pp. 1-41).

Le Ny J-F. (1982). Psychologie cognitive et psychologie de l'affectivité. *In* P. Fraisse (Ed), *Psychologie de demain*. Paris, PUF (pp. 97-118).

Le Ny J-F. (1989). Le développement actuel de la psychologie scientifique. *L'Année Psychologique*, *89*, 213-238.

Le Ny J-F. (1994). Ce qu'était "n'être pas psychique" en 1906 : Pavlov revisité. *In* P. Fraisse et J. Segui (Eds), *Les origines de la psychologie scientifique : centième anniversaire de L'Année Psychologique*. Paris, PUF (pp.123-143).

Le Ny J-F., Richard J-F. (1986). Psychologie, intelligence artificielle et automatique, science cognitive. *In* C. Bonnet, J-M. Hoc et G. Tiberghien (Eds), *Psychologie, intelligence artificielle et automatique*. Bruxelles, Mardaga (pp. 278-298)

Legrand M. (1990). Du behaviorisme au cognitivisme. *L'Année Psychologique*, *90*, 247-286.

Lieury A. (1990). *Manuel de psychologie générale*. Paris, Dunod.

March J. G., Simon H. A. (1958). *Organizations*. New York : Wiley. Traduction française (1971), *Les organisations*. Paris, Dunod.

Mathieu J. (1986). Psychologie cognitive et intelligence artificielle. Résolution de problème et acquisition de connaissances. *In* C. Bonnet, J-M. Hoc et G. Tiberghien (Eds), *Psychologie, intelligence artificielle et automatique*. Bruxelles, Mardaga (pp. 18-36).

Mayer R. E. (1977). *Thinking and problem solving. An introduction to human cognition and learning*. Glenview, Scott, Foresman and Cie.

Miller G. A. (1953). What is information measurement ? *American Psychologist*, *8*, 3-11.

Miller G. A. (1956). The magical number seven, plus or minus two : Some limits on our capacity for processing information. *Psychological Review*, *63*, 81-97.

Miller G. A. (1962). *Psychology. The science of mental life*. New York, Penguin Books.

Miller G. A., Galanter E., Pribram K. H. (1960). *Plans and the structure of behavior*. Londres, Holt Edition.

Monteil J-M. (1993). *Soi et le contexte*. Paris, Armand Colin.

Montmollin M. de (1967). *Les systèmes hommes-machines*. Paris, PUF.

Mueller F-L. (1968). *Histoire de la psychologie*. Paris, Payot.

Naville P. (1942). *La psychologie du comportement*. Paris, Gallimard. Nouvelle édition augmentée (1963), *La psychologie du comportement*, Paris, Gallimard, Collection Idées.

Neisser U. (1967). *Cognitive psychology*. New York, Appleton-Century-Crofts.

Neisser U. (1976). *Cognition and reality*. San Francisco, Freeman.

Newell A. (1989). Putting it all together. *In* D. Klahr et K. Kotovsky (Eds), *Complex information processing. The impact of Herbert A. Simon*. Londres, LEA (pp. 399-440)

Newell A., Simon H. A. (1972). *Human problem solving*. Englewood Cliffs (NJ), Prentice Hall.

Nicolas S (1992). Hermann Ebbinghaus et l'étude expérimentale de la mémoire humaine. *L'Année Psychologique*, *92*, 527-544.

Norman D. A. (1980). Twelve issues for cognitive science. *In* D. A. Norman (Ed), *Perspectives on cognitive science*. Hillsdale (NJ), Erlbaum (pp. 265-295)

Paicheler G. (1992). *L'invention de la psychologie moderne*. Paris, L'Harmattan.

Parot F., Richelle M. (1992). *Introduction à la psychologie. Histoire et méthodes*. Paris, PUF.

Patrick J. (1992). *Training. Research and practice*. Londres, Academic Press.

Pavlov I. P. (1955). *Typologie et pathologie de l'activité nerveuse supérieure*. Paris, PUF.

Pavlov I. P. (1963). *Réflexes conditionnels et inhibitions*. Genève, Gonthier.

Pélissier A., Tête A. (1995). *Sciences cognitives. Textes fondateurs (1943-1950)*. Paris, PUF.

Piaget J. (1967). *Biologie et connaissance. Essai sur les relations entre les régulations organiques et les processus cognitifs*. Paris, Gallimard.

Piaget J. (1975). *L'équilibration des structures cognitives. Problème central du développement*. Paris, PUF.

Piaget J. (1979). A propos du noyau fixe et de son innéité. Remarques introductives. *In* M. Piattelli-Palmarini (Ed), *Théories du langage, théories de l'apprentissage. Le débat entre Jean Piaget et Noam Chomsky*. Paris, Seuil (pp. 95-100).

Piaget J., Inhelder B. (1963). Les images mentales. *In* P. Fraisse et J. Piaget (Eds), *Traité de psychologie expérimentale. VII. L'intelligence*. Paris, PUF (pp. 71-116).

Piaget J., Mounoud P., Bronckart J-P. (Eds) (1987). *Psychologie*. Paris, Gallimard.

Piéron H. (1908). L'évolution du psychisme. Texte édité dans le *Bulletin de Psychologie* (1958), *144*, 369-371.

Prévost C-M. (1994). *La psychologie fondamentale*. Paris, PUF (QSJ n° 2835).

Prévost C. M. (1973). *La psycho-philosophie de Pierre Janet*. Paris, Payot.

Quillian M. R. (1967). Word concepts : A theory and simulation of some basic semantic capabilities. *Behavioral Science, 12*, 410-430.

Reason J. (1987). The Chernobyl errors. *Bulletin of the British Psychological Society, 40*, 201-206.

Reuchlin M. (1972). *Histoire de la psychologie*. Paris, PUF (QSJ n° 732).

Reuchlin M. (1977). *Psychologie*. Paris, PUF.

Reuchlin M. (1981). Apports de la méthode différentielle à la psychologie générale. *Journal de Psychologie, 4*, 377-395.

Reuchlin M. (1990). *Les différences individuelles dans le développement conatif de l'enfant*. Paris, PUF.

Reuchlin M. (1992). *Introduction à la recherche en psychologie*. Paris, Nathan.

Reuchlin M. (1995). *Totalités, éléments, structures en psychologie*. Paris, PUF.

Richard J-F. (1994). La résolution de problème. *In* M. Richelle, J. Requin et M. Robert (Eds), *Traité de psychologie expérimentale T. 2*. Paris, PUF (pp. 523-575).

Richelle M. (1966). *Le conditionnement opérant*. Neuchâtel, Delachaux et Niestlé.

Richelle M. (1972). Analyse formelle et analyse fonctionnelle du comportement verbal. Notes sur le débat entre Chomsky et Skinner. *Bulletin de Psychologie, 26*, 252-259. Republié *in* Richelle, M. (1993), *Du nouveau sur l'esprit* ? Paris, PUF (pp. 109-124).

Richelle M. (1980). L'approche behavioriste. *In* M. Richelle et X. Séron (Eds), *L'explication en psychologie*. Paris, PUF, (pp. 205-212). Republié *in* Richelle, M. (1993). *Du nouveau sur l'esprit ?* Paris, PUF (pp. 85-91).

Rosenblueth A., Wiener N., Bigelow J. (1943). Behavior, purpose, and teleology. *Philosophy of Science, 10*, 18-24.

Schraw G., Horn C., Thorndike-Christ T., Bruning R. (1995). Academic goal orientations and student classroom achievement. *Contemporary Educational Psychology, 20*, 359-368.

Schunk D. H., Cox P. D. (1986). Strategy training and attributional feedback with learning disabled students. *Journal of Educational Psychology, 78*, 201-209.

Shannon C. E., Weaver W. (1949). *The mathematical theory of communication*. Urbana, University of Illinois Press. Traduction française (1976), *Théorie mathématique de la communication*. Paris, CELP.

Simon H. A. (1969). *The sciences of the artificial*. Cambridge (MA), MIT Press. Traduction française (1974), *La science des systèmes. Science de l'artificiel*. Paris, EPI.

Skinner B. F. (1944). Review of Hull's Principles of behavior. *American Journal of Psychology, 57,* 276-281.

Skinner B. F. (1957). *Verbal behavior.* New York, Appleton.

Skinner B. F. (1968). *The technology of teaching.* New York, Meredith Corporation. Traduction française (1969), *La révolution scientifique de l'enseignement.* Bruxelles, Mardaga.

Skinner B. F. (1969). *Contengencies of reinforcement : A theorical analysis.* New York, Meredith Corporation. Traduction française (1971). *L'analyse expérimentale du comportement.* Bruxelles, Mardaga.

Skinner B. F. (1985). Cognitive science and behaviourism. *British Journal of Psychology, 76,* 291-301.

Sprung L, Sprung H. (1986). Hermann Ebbinghaus. Life, work and impact in the history of psychology. *In* F. Klix et H. Hagendorf (Eds), *Human memory and cognitive capabilities.* Amsterdam, Elsevier (pp. 23-34).

Thistlethwaite D. (1951). A critical review of latent learning and related experiments. *Psychological Bulletin, 48,* 97-129.

Tiberghien G. (1984). *Initiation à la psychophysique.* Paris, PUF.

Tiberghien G. (1985). Fragments d'histoire de la psychologie. *In* J. Mathieu et R. Thomas (Eds), *Manuel de psychologie,* Paris, Vigot, (pp. 19-37).

Tiberghien G. (1986a). Psychologie cognitive, science cognitive et cognitivisme. *In* A. Demailly et J.–L. Le Moigne (Eds), *Sciences de l'intelligence, sciences de l'artificiel,* Lyon, PUL, (pp. 226-246).

Tiberghien G. (1986b). Psychologie cognitive, science de la cognition et technologie de la connaissance. *In* J.-L. Le Moigne (Ed), *Intelligence des mécanismes, mécanismes de l'intelligence.* Paris, Fayard, (pp. 173-191).

Tiberghien G. (1991). Modèles de l'activité cognitive. *In* J-P. Caverni, C. Bastien, P. Mendelsohn et G. Tiberghien (Eds), *Psychologie cognitive : modèles et méthodes.* Grenoble, PUG, (pp. 13-26).

Tiberghien G. (1993). Questions de modélisation et de simulation cognitive. *In* J-F. Le Ny (Ed), *Intelligence naturelle et intelligence artificielle.* Paris, PUF (pp. 43-69).

Tilquin A. (1942). *Le behaviorisme. Origine et développement de la psychologie de réaction en Amérique.* Paris, Vrin.

Tisseau G. (1996). *Intelligence artificielle. Problèmes et méthodes.* Paris, PUF.

Tolman E. C. (1938). The determiners of behavior at a choice point. *Psychological Review, 45,* 1-41.

Tolman, E. C. (1948). Cognitive maps in rats and men. *Psychological Review*, *55*, 189-208.

Tolman E. C., Ritchie B. F., Kalish D. (1946). Studies in spatial learning. II Place learning versus response learning. *Journal of Experimental Psychology, 36*, 221-229.

Vergnaud G. (1989). Questions vives de la psychologie du développement. *Bulletin de Psychologie*, *390*, 450-457.

Watson J. B. (1913). The psychology as a behaviorist views it. *Psychological Review*, *20*, 158-177.

Watson J. B. (1916). The place of the conditioned-reflex in psychology. *Psychological Review*, *23*, 89-116.

Watson J. B., Rayner, R. (1920). Conditioned emotional reactions. *Journal of Experimental Psychology*, *3*, 1-14.

Wiener N. (1948). *Cybernetics or control and communication in the animal and the machine*. Cambridge (MA), MIT Press.

Zazzo R. (1942). *Psychologues et psychologie d'Amérique*. Paris, PUF.

Zimmerman B. J. (1989). A social cognitive view of self-regulated academic learning. *Journal of Educational Psychology*, *81*, 329-339.

LA COLLECTION "PSYCHO"

Ouvrages déjà parus :

- ***L'entretien en clinique***
  sous la direction de Catherine Cyssau

- ***La psychologie projective en pratique professionnelle***
  sous la direction de Valérie Boucherat-Hue

- ***Psychologie cognitive***
  Bernard Cadet

A paraître :

- ***Introduction à la statistique en psychologie***
  Nathalie Rude

Achevé d'imprimer en janvier 2000
sur les presses de la Nouvelle Imprimerie Laballery – 58500 Clamecy
Dépôt légal : janvier 2000 Numéro d'impression : 912107

Imprimé en France